思 维 的 盛 宴
青少年最爱玩的300个科学游戏

青少年最爱玩的300个科学游戏
QING SHAO NIAN ZUI AI WAN DE 300 GE KE XUE YOU XI

思维的盛宴

青少年最爱玩的300个科学游戏

王剑锋 主编

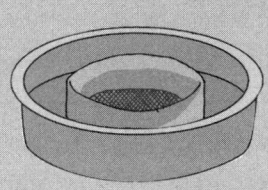

天津出版传媒集团
天津科学技术出版社

图书在版编目（CIP）数据

青少年最爱玩的300个科学游戏 / 王剑锋主编. —天津：天津科学技术出版社，2012.5（2021.6重印）

（思维的盛宴）

ISBN 978-7-5308-6954-3

Ⅰ.①青… Ⅱ.①王… Ⅲ.①智力游戏—青年读物 ②智力游戏—少年读物 Ⅳ.①G898.2

中国版本图书馆CIP数据核字（2012）第085327号

思维的盛宴——青少年最爱玩的300个科学游戏

SIWEI DE SHENGYAN——QINGSHAONIAN ZUI AI WAN DE 300 GE KEXUE YOUXI

责任编辑：杜宇琪

责任印制：刘　彤

出　　版：	天津出版传媒集团 天津科学技术出版社
地　　址：	天津市西康路35号
邮　　编：	300051
电　　话：	（022）23332399
网　　址：	www.tjkjcbs.com.cn
发　　行：	新华书店经销
印　　刷：	永清县晔盛亚胶印有限公司

开本 690×940　1/16　印张 14　字数 280 000

2021年6月第1版第4次印刷

定价：42.00元

目 录

第一篇 运动类的游戏

1. 旋转的陀螺为什么不会倒 / 2
2. 会飞的鱼 / 2
3. 谁的力量大 / 3
4. 风筝的尾巴 / 4
5. 花纹的妙用 / 5
6. 失重的感觉 / 5
7. 深浅问题 / 6
8. 会游泳的冰 / 7
9. 弯折的力量 / 7
10. 站立的卡通人 / 8
11. 折不断的火柴 / 9
12. "自行"的小船 / 10
13. 猜猜哪根线先断 / 10
14. 砸不碎的鸡蛋 / 11
15. 比赛快慢 / 12
16. 沉浮的问题 / 13
17. 旋转的奥秘 / 13
18. 飞出去的原因 / 14
19. 压缩气火箭 / 15
20. 拨"砖"比赛 / 16
21. 会跳舞的可乐罐 / 16
22. 如何让硬币落下去 / 17
23. 针刺鸡蛋 / 18
24. 地球为什么呈扁球体 / 18
25. 阿基米得定律 / 19
26. 钓鱼时遇到的问题 / 20
27. 纸做的睡莲也会绽放 / 20
28. 水中的鸡蛋 / 21
29. 肥皂小赛艇 / 22
30. 神秘的信件 / 23
31. 鹅卵石的秘密 / 23
32. 难舍难分的玻璃杯 / 24
33. 筛子装水 / 25
34. 巧移乒乓球 / 25
35. 切不断的纸 / 26
36. 一根"听话"的绳子 / 27
37. 蛋壳的稳定性 / 27
38. 会爬动的蛇 / 28
39. 不倒翁 / 28
40. 水丘 / 29
41. 软木片爬水丘 / 30
42. 比赛荡秋千 / 30

43. 同时落地 / 31
44. 把水打个结 / 32
45. 纸桥 / 32
46. 万能的橡皮泥 / 33
47. 模拟火箭发动机 / 33
48. 水中魔力 / 34
49. 看谁滚动得快 / 35
50. 捅不破的纸 / 36
51. 雨衣为什么能防水 / 36
52. 水的波纹 / 37
53. 巧去机油 / 38
54. "痛苦"的香烟 / 38
55. 危险的钞票 / 39
56. 会画画的方糖 / 40
57. 静止游戏 / 40
58. 向前跌落的气球 / 41
59. 会"荡秋千"的蜡烛 / 42

第二篇 声音的游戏

60. 声音的传播 / 44
61. 罩住噪声 / 44
62. 会发声的气球 / 45
63. 易拉罐的巧妙声音 / 46
64. 危险的声发射 / 47
65. 欢叫的小鸟 / 47
66. "土"电话 / 48
67. 奇妙的听诊器 / 49
68. "逃跑"的声音 / 50
69. 喇叭的妙用 / 50

70. 能"看见"的声音 / 51
71. 会"唱歌"的玻璃杯 / 52
72. 叫嚣的纸杯 / 53
73. 自制笛子 / 53
74. 用声音吹蜡烛 / 54
75. 谁在学我 / 55
76. 弹奏音乐的高脚杯 / 56

第三篇 光的游戏

77. 自制照相机 / 58
78. 什么颜色的衣服先干 / 58
79. 小水滴变放大镜 / 59
80. 汤匙做的凸面镜 / 60
81. 自制彩虹 / 60
82. 天空为什么那么蓝 / 61
83. 自制幻灯机 / 62
84. 鱼缸里的泡泡 / 62
85. 揉皱的"镜子" / 63
86. 消失的硬币 / 64
87. 倒立的图像 / 65
88. 让光线转弯的绝妙办法 / 65
89. 引爆气球 / 66
90. 流动的光 / 67
91. 穿透毛玻璃的目光 / 67
92. "燕子"和你捉迷藏 / 68
93. 自动转向的箭头 / 69
94. 纸亮还是镜子亮 / 69
95. 变色的小球 / 70
96. 水中的放大镜 / 71

97. 光的影子 / 71
98. 听话的电视机 / 72
99. 凹面镜里的颠倒世界 / 73
100. 魔法镜 / 73
101. 羽毛中的光谱 / 74
102. 自制万花筒 / 75
103. 神奇的圆盘 / 75
104. 变色陀螺 / 76
105. 神奇的放大 / 77
106. 偶镜游戏 / 77
107. 奇怪的变色游戏 / 78
108. 天花板上的星星 / 79
109. 玻璃杯变放大镜 / 80
110. 彩色的影子 / 80
111. 春天的脚步为什么有快有慢 / 81
112. "魔术"水 / 82

第四篇 气压的游戏

113. 水流问题 / 84
114. 给鱼缸换水 / 84
115. 微型瀑布 / 85
116. 会喷射的水珠 / 86
117. 贝努利定律 / 86
118. 防爆气球 / 87
119. 给气球安"耳朵" / 88
120. 自制保温箱 / 88
121. 自动剥皮的香蕉 / 89
122. "贪吃"的玻璃杯 / 90
123. 向上爬的试管 / 90
124. 纸猴上树 / 91
125. 会打架的苹果 / 92
126. "沉入"水底的蜡烛 / 92
127. 自动水槽的简易装置 / 93
128. 嘴唇搬火柴 / 94
129. 吹不灭的火焰 / 94
130. 鸡蛋"缩骨术" / 95
131. 自制喷气船 / 96
132. 水柱的"魔力" / 96
133. 巧剥鸡蛋壳 / 97
134. 热水小喷泉 / 98
135. 吸管穿土豆 / 98
136. 测一测氧气的体积是多少 / 99
137. "抓"空气 / 100
138. 吹不大的气球 / 100
139. 会"跳舞"的硬币 / 101
140. 相互吸引的杯子 / 101
141. 飞起来的"凤凰" / 102
142. 舞动的纸蛇 / 103
143. 巧开瓶盖 / 103
144. 会"爬"的皮球 / 104
145. 自制"气枪" / 105
146. 压缩空气 / 105
147. 神奇的"大炮" / 106
148. 被"俘虏"的乒乓球 / 107
149. 谁会飞得更高 / 107
150. 自制降落伞 / 108

151. 铁丝切冰块 / 109
152. 防水的纱布 / 109
153. 不透水的孔洞 / 110
154. 会"跳舞"的葡萄干 / 111
155. 玻璃会"粘"在一起 / 111
156. 杯中"龙卷风" / 112

第五篇　冷热游戏

157. 有"魔力"的手 / 114
158. 哪个冻得快 / 114
159. 自由伸缩的铁丝 / 115
160. 水火交融 / 116
161. 往下冒的烟 / 116
162. 能自己变大的气球 / 117
163. 制作冰淇淋 / 118
164. 棉线割玻璃 / 118
165. "着凉"的杯子 / 119
166. 不会燃烧的纸张 / 120
167. 人造"琥珀" / 120
168. 哪个降温快 / 121
169. 冷冻泡泡 / 122
170. 水为什么会自由升降 / 122
171. 隐身的字 / 123
172. 留住太阳的热 / 124
173. 不会沸腾的水 / 125
174. 碗中的"火山" / 125
175. 窗台上的冰花 / 126
176. 吸热比赛 / 127
177. 让鸡蛋出"红汗" / 127
178. 热气的影子 / 128
179. 谁打碎了杯子 / 129
180. 爆裂的石头 / 129
181. 举手知风向 / 130
182. 不怕火的手帕 / 131
183. 自制热气球 / 131
184. 烧不坏的纸盒 / 132
185. 冻豆腐上面为什么有小孔 / 132
186. 会长高的水 / 133
187. 如何冷却开水 / 134

第六篇　电磁游戏

188. 纸蝴蝶飞起来 / 136
189. 自制漂亮的电火花 / 136
190. 带电的糖 / 137
191. 有趣的静电游戏 / 138
192. 硬币发电 / 138
193. 挑拣比赛 / 139
194. "口渴"的气球 / 140
195. 相吸和相斥 / 140
196. "调皮"的纸屑 / 141
197. 直立的圆珠笔 / 142
198. 魔力吸管 / 142
199. 会跳舞的纸娃娃 / 143
200. 寻宝游戏 / 144
201. 能验电的小球 / 144
202. 自来水会拐弯 / 145
203. 醋电池 / 146

204. 自制指南针 / 146
205. 磁铁失灵 / 147
206. 会动的铅笔 / 147
207. 自动回转的罐头盒 / 148

第七篇　生物世界

208. 会生根的蛋壳 / 150
209. 不怕摔的蚂蚁 / 150
210. 生态瓶 / 151
211. 鸡吃沙子的秘密 / 152
212. 淹不死的青蛙 / 152
213. 金鱼的"智商" / 153
214. 植物也能呼吸吗 / 154
215. 永葆"青春"的西红柿 / 155
216. 蝌蚪找妈妈 / 155
217. 橘子会发出火花吗 / 156
218. 苍蝇的嗅觉 / 157
219. 变色的虾 / 157
220. 叶片留影 / 158
221. 萤火虫为什么会发光 / 159
222. 卷曲的茎 / 159
223. 会"流血"的花 / 160
224. 会变颜色的绿叶 / 161
225. 向日葵的秘密 / 161
226. 竖着的耳朵 / 162
227. 嬗变的梨 / 163
228. 种子为什么不发芽 / 163
229. 葡萄干也会喝水吗 / 164
230. 喂养毛毛虫 / 164
231. 核桃烤香菇 / 165
232. 哪一端是头，哪一端是尾 / 166
233. 撑破玻璃杯的花生米 / 167
234. 发芽比赛 / 167
235. 会起泡的叶子 / 168
236. 无盆"吊兰花" / 169
237. 蹦蹦跳跳的黄豆 / 170
238. 树枝洗"桑拿" / 170
239. 贮存花香 / 171
240. 双色奇花 / 172
241. 插杆成活 / 173
242. 给苍蝇做"人工呼吸" / 173
243. 可以控制的开花时间 / 174
244. "解剖"叶子 / 174
245. 无土生长 / 175
246. 永不凋落的树叶 / 176
247. 植物的向光之路 / 176
248. "受伤"了的叶子 / 177
249. 善变的树叶 / 178
250. 花开花闭 / 178
251. 花朵凋谢为哪般 / 179
252. 分离叶绿素 / 180

第八篇　数学王国

253. 三个直角的三角形 / 182
254. 大硬币穿小洞 / 182
255. 哪种形状最坚固 / 183
256. 巧切香蕉 / 183
257. 找规律 / 184

258. 少了一个正方形 / 185
259. 快速计算 / 185
260. 硬币游戏 / 186
261. 奇妙的莫比斯环 / 187
262. 折纸游戏 / 187
263. 刁钻的顾客 / 188
264. 回形针的奥秘 / 188
265. 奇妙的三位数 / 189
266. 不变的答案 / 190

第九篇　化学天地

267. 钓冰 / 192
268. 失踪的头发丝 / 192
269. 让花退色 / 193
270. 自制消暑饮品 / 194
271. 四季的雪花 / 194
272. 遥控点火 / 195
273. 模拟灭火器 / 196
274. 会逃跑的颜色 / 197
275. 邮票背后的秘密 / 197
276. 变化的弹珠 / 198
277. 自制石膏手 / 198
278. 柔软的骨头 / 199
279. 海带中的碘 / 200
280. 胶卷盒"爆炸" / 200
281. 自制松花蛋 / 201
282. 面粉变蓝 / 202
283. 向海水借盐 / 202
284. 指纹再现 / 203
285. 起舞的鸡蛋 / 204
286. 一个杯子装三杯东西 / 204
287. 自制豆腐脑 / 205
288. 绿色的牛奶 / 206
289. 液化掉的凝胶 / 206
290. 自测蔬果中的维生素 C 含量 / 207
291. 有趣的字谜 / 208
292. 粉笔作画 / 208
293. 神奇消失了的液体 / 209
294. 肥皂水的秘密 / 209
295. 透明的鸡蛋 / 210
296. 煮不烂的黄豆 / 210
297. 鸡蛋壳里的奥秘 / 211
298. 死灰复燃 / 212
299. 水变清了 / 212
300. 火焰哪里温度最高 / 213

参考文献 / 214

第一篇

运动类的游戏

力与运动本没有什么深仇大恨,可它们聚在一起后就发生了很多问题:摩擦力、压力、重力等一系列问题,像一团乱麻一样堆在大家面前。关于力与运动这一章没有学好的同学,那就自己动手在游戏中把这一课补上吧!

1. 旋转的陀螺为什么不会倒

游戏痴迷指数：★★★

小不点的疑团

一个尖尖的陀螺只要轻轻捻动，就能不停地旋转且不会倒下。这是为什么呢？

工具潘多拉 硬纸板、圆规、剪刀、小刀、细木棒、胶水

游戏对对碰

（1）用剪刀把硬纸板剪成圆形。

（2）在硬纸板的圆心钻个小孔，插入细木棒，将木棒底端削尖，形成一个支点。

（3）有缝隙的地方用胶水黏合。这样就制成了简易的陀螺。

（4）以尖端为支点，捻动陀螺，它就能不停地旋转而且不倒。只有当它受到外力，或速度变慢直到最后停止，它才会倒下，这是什么原因呢？

聪明博士的答卷

高速旋转的东西能保持转动的方向不变。陀螺旋转的时候它总是保持转轴向上，所以即使它与平面的接触面积很小，也能保持自己的稳定性。这是一种转动惯性。

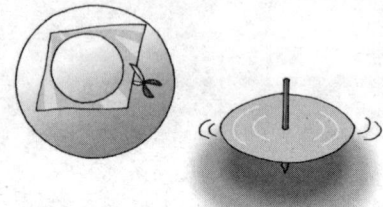

学以致用

自行车骑起来不易倒也是这个原理。它的两个轮子就跟两个陀螺一样，能保持原来的旋转方向，使得轮子平稳行驶却不会倒下来。轮子转得越快，稳定性能越好，自行车越容易保持平衡，一旦速度慢下来，就容易失去平衡性。

2. 会飞的鱼

游戏痴迷指数：★★★★

小不点的疑团

世界上真有会飞的鱼吗？

工具潘多拉 气球、细绳、彩笔、吸管、2把椅子、胶水

游戏对对碰

（1）把吹起的气球口系上细绳，打上活结，以便于打开。

（2）用彩笔把椭圆形的气球画成鱼的形状。

（3）将吸管用胶水固定在"鱼背"上，取一根长的细绳，穿过吸管，将细绳两端固定在2把椅子上，并拉直细绳。

（4）将"鱼"拉到细绳的一端，松开活结，"鱼"就能沿着细绳飞快往前冲，直到气球里的气体耗光为止。

聪明博士的答卷

这个游戏利用了气体喷出时产生的反作用力。松开活结，气球中的气体冲出，产生推力，其反作用力将气球往前推动。

学以致用

利用这个原理，人们发明了很多交通工具，比如早期的喷气式飞机。对于飞机来说，它的作用力是由推进器向后排气或由喷气发动机喷出热气来提供的，然后在反作用力的推动下向前飞驶。

3. 谁的力量大

游戏痴迷指数：★★★

小不点的疑团

一把锁和一个钢笔帽相比，谁的力量大呢？如果你回答是锁的话，你就错了。

工具潘多拉 一根50厘米长的细绳、没有笔芯的圆珠笔、锁、钢笔帽

游戏对对碰

（1）把细绳从圆珠笔杆中穿过，细绳的一端系上一个钢笔帽，另一端系上一把锁。

（2）用手握住笔杆，锁的一端朝下，缓慢地转动笔杆，让钢笔帽做圆周运动，渐渐加速旋转，这时你会发现锁被慢慢地往上提。这是怎么回事呢？锁明明比钢笔帽重，怎么可能被提起来呢？

聪明博士的答卷

锁之所以被比自己轻的钢笔帽提起来，是因为当物体转速加快时，会产生更大的离心力，从而把锁往上提升。

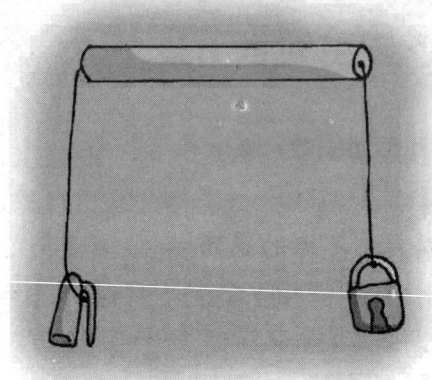

学以致用

物体除了轻重的差别外，如果加上不同的速度，就能产生不同的动量。比如，你走路时和快速跑时，雨点打在脸上，明显感觉是快速跑时疼。

4. 风筝的尾巴

游戏痴迷指数：★★★

 小不点的疑团

阳春三月，是放风筝的好日子。大家都争先恐后地向蓝天展示着自己的风筝。如果你仔细观察，你会发现每个风筝都有一条"尾巴"，这是为什么呢？

工具潘多拉 透明胶带、剪刀、彩色纸、棉线

 游戏对对碰

（1）先用剪刀把彩色纸剪成15厘米×25厘米大小，再用透明胶带把棉线粘贴在彩色纸一端的中央，做成一个没有尾巴的风筝。握住手中的棉线在空中挥动，会发现风筝上下摇摆不定。

（2）用剪刀剪两条长约30厘米，宽约3厘米的带条，并用透明胶带将其固定在风筝的末端，再挥动风筝，发现风筝平稳地摆动。为什么前、后有两种不同的效果呢？

 聪明博士的答卷

加上纸条做尾巴后，能起到平衡的作用，这样风筝就不会受气流的影响而稳定地摆动了。

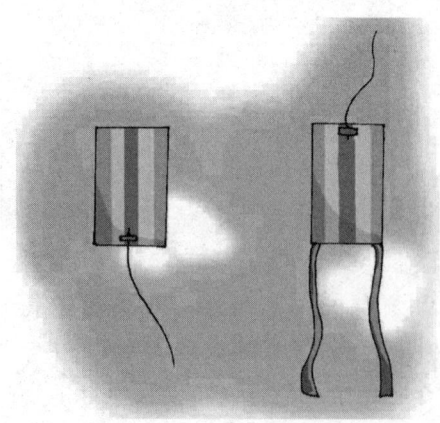

5. 花纹的妙用

游戏痴迷指数：★★

 小不点的疑团

各式各样的漂亮花纹在我们的生活中经常见到，比如瓶盖上的条纹等。但那你知道那些花纹有什么作用吗？

工具潘多拉 大小一样的瓶盖，一个带花纹，一个不带花纹，一个同型号的塑料瓶（不带瓶盖）

 游戏对对碰

（1）先用不带花纹的盖子套在塑料瓶的瓶嘴上，旋转几圈后用力拧紧，然后再拧下来。

（2）再用带花纹的盖子套在塑料瓶的瓶嘴上，旋转几圈后也用力拧紧，然后再拧下来。对比一下，看拧哪个瓶盖用的力气大。是不是带花纹的盖子用的力气大呢？

之所以拧带花纹的盖子用的力气大，是由于手与盖子之间产生了一定的摩擦力；而拧不带花纹的盖子，摩擦力减少，所以用的力气小。

学以致用

观察力好的人会发现汽车的轮胎、车上的扶手、脚下穿的鞋底和地上铺的地毯等都有很多各式各样的花纹，其原理和上面的游戏一样，增大摩擦力，以保证安全。

6. 失重的感觉

游戏痴迷指数：★★★★★

 小不点的疑团

我们知道，当人类穿着厚重的衣服到达月球后，就会失重。那么，在地球上也会失重吗？

工具潘多拉 3根木条、细链条、细线、带托盘的台秤、砝码、钉子若干、锤子、火柴

游戏对对碰

（1）用锤子将3根木条钉成一个倒立的"U"形。

（2）将细链条的上端固定在木架的横梁上，下端用细线系在上端的一个环上。

（3）将此装置放在带托盘的台秤上，静止时观察台秤指针所显示的数字。

（4）点燃火柴烧断细线，会发现台秤上数字变小了。但是，当链条下落到静止状态时，台秤又恢复到原来的数字。这是为什么呢？

 聪明博士的答卷

链条的另一端在下落的过程中发生失重的现象，失重的时候，物体对它的支撑体的作用力就会减小。在这个实验里，链条对木架的拉力减小了，因此台秤显示数字就会减小。

学以致用

坐过电梯的人都有这样的感觉：当向上运行的电梯快要停的时候，人会有一种要向上飞的感觉，这就是失重的感觉。

7. 深浅问题

游戏痴迷指数：★★

 小不点的疑团

物理学中的力学，在现实生活中有很多种表现方式。下面就是力学中一种表现方式，聪明的你能不看答案就能说出原因吗？

工具潘多拉 厚纸板、剪刀、图钉、沙子

 游戏对对碰

（1）用剪刀将硬纸板剪成大小相等的2块纸板。

（2）在其中一块纸板上的四个角钉4个图钉，然后在另一块纸板上钉40个图钉（注意：要使图钉把纸板撑起来）。

（3）将2块钉好图钉的纸板放进一盆沙子里，使带钉的一面接触沙子，发现钉4个图钉的纸板比钉40个图钉的纸板要陷得深。这是为什么呢？

 聪明博士的答卷

虽然钉40个图钉的纸板重量大对沙子产生的压力也大。但钉上4个图钉的纸板压力被4个图钉分担，因此每个图钉分到的压力比较大；而钉

40个图钉纸板的压力将被40个图钉分担,所以陷得比较浅。

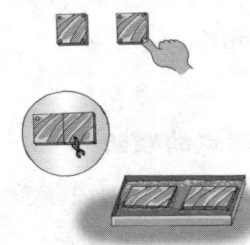

学以致用

一场大雨之后,推着自行车出去游玩,却发现自行车陷进了松软的泥土中,而远处又大又重的推土机却能轻松地从泥土中碾过。这是为什么呢?哈哈,原来是受力面积在作怪!

8.会游泳的冰

游戏痴迷指数:★★★

小不点的疑团

冰和水的化学分子式是一样的,可是为什么它们的名称不一样呢?它们有什么区别呢?

工具潘多拉 装满水的玻璃杯、冰块

游戏对对碰

(1)在装满水的玻璃杯中放少许冰块。

(2)冰块浮在了水面上,当冰块融化后,水并没有溢出杯子(为什么水位没有上升呢)。

聪明博士的答卷

原来,冰的密度比水的密度小,冰的体积比同等质量水的体积大。所以,冰在水里不会下沉。冰在水中排出水的重量正好等于冰的重量。冰融化后变成水,正好填满原来冰排出的那部分体积。

9.弯折的力量

游戏痴迷指数:★★

小不点的疑团

我们知道,摩擦可以产生热量。但是你知道吗?弯折物体一样能让物体产生热量,觉得不可思议吧?

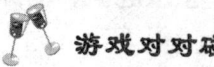 细铁丝、蜡烛、火柴

 游戏对对碰

（1）将细铁丝在同一个位置上快速地前后弯折20~30次，这样就能让弯折处产生热量（注意：不要碰触到弯折处，否则容易烫伤手指）。

（2）迅速将铁丝的弯折处放到蜡烛上面，仔细观察，你就会发现铁丝弯折处与蜡烛相接触的部分形成了一个凹槽。为什么弯折过的铁丝会有这么大的热量呢？

 聪明博士的答卷

这是因为当我们快速地前后弯折细铁丝的时候，我们对铁丝施加了力，这个力会对细铁丝做功。在这个过程中，我们对细铁丝弯折而产生的动能转化为热能，由此产生了热量，使得细铁丝的弯折处温度上升，所以当它触碰蜡烛时，能使蜡烛融化产生凹槽。

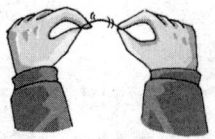 

10. 站立的卡通人

游戏痴迷指数：★★★

小不点的疑团

如何让薄薄的小纸人站立在瓶盖上面，并且保持平衡呢？

工具潘多拉 边长约15厘米的正方形硬纸板、笔、剪刀、强力胶、图钉、2块橡皮泥、10厘米左右的铁丝、塑料瓶

 游戏对对碰

（1）先用笔在硬纸板上画一个卡通人的模样（注意：卡通人是左右对称的），然后用剪刀按照轮廓把它剪下来。

（2）用强力胶将卡通人的胸口位置固定在一枚图钉上。

（3）把铁丝向下弯成弧形，将卡通人粘在弧形铁丝的中端。两端铁丝一定要保持同样长度，这样才能保持平衡。

（4）捏2块大小相同，重约50克的橡皮泥，固定在铁丝的两端。

（5）往塑料瓶里装水，拧上瓶盖，作为固定底座。

（6）以卡通人下端的图钉做基点，将纸人放到瓶盖之上。我们发现，

晃晃悠悠几下之后，卡通人就能稳稳地站在瓶盖上面了。这是为什么？

聪明博士的答卷

我们知道，所有物体都要受到地心引力，其引力大小跟物体本身的质量有关系。在这个游戏中，质量最重的是两块橡皮泥，同时因为铁丝向下弯成一定弧度，而橡皮泥悬在下垂的铁丝两端，造成橡皮泥的重心很低，从而使卡通人有了比较低的重心。只要两边重心保持对称，卡通人就能够平衡站立。

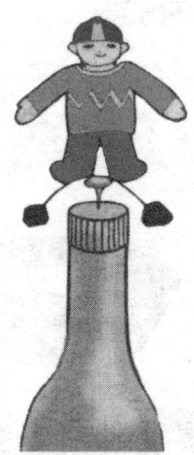

学以致用

知道地心引力的作用后，当你在学习滑冰时，可以尝试蹲着滑，这样不容易摔倒。不信，就试一试吧！

11. 折不断的火柴

游戏痴迷指数：★★★

当一根小小的火柴棍遇到粗粗的手指头时，竟然火柴棍赢了，简直有点不符合"逻辑"！这是为什么呢？

工具潘多拉 火柴棍

 游戏对对碰

（1）把火柴棍横放在中指第一个关节的背上，用食指和无名指各压一端并向下压，中指向上抬。拇指和小指不能帮忙，也不能把手放在桌子上使劲，结果火柴棍折不断。

（2）换个姿势，中指在火柴棍上，食指和无名指在火柴棍下。同样规则，用中指往下压，食指和无名指往上抬，火柴棍还是没法折断。为什么连一根小小的火柴棍也折不断呢？

聪明博士的答卷

这是因为你的手指并未处于有利地位。杠杆是一种有用的简单机械，用得适当，可以省力。手指头也可以当作杠杆来用。游戏中折断火柴棍的支点就在手指关节与手掌的连接处。当你远距离施加力的时候，手指的力气太小，不足以折断火柴棍。但是如果你把火柴棍移到靠近手掌的指关节处，你会发现火柴棍很容易就被折断了，因为这时手指头构成的这个杠杆已经有足够的力了。

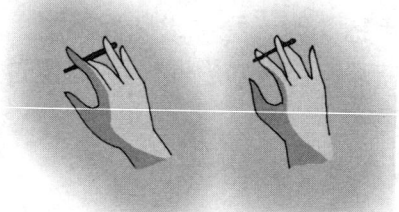

12."自行"的小船

游戏痴迷指数：★★★

小不点的疑团

纸帆船大家都玩过，但你有没有玩过用乒乓球和糖块组合成的小船呢？

工具潘多拉 乒乓球、剪刀、糖块、大盆

游戏对对碰

（1）用剪刀将乒乓球剪成两头弯弯的三等分，修剪成大致的小船模样。把船尾截去一小块，修平。之后从船尾中间剪出一条缝，剪至船的3/5处。

（2）将糖块分成3份放于船中，将船放入到一大盆水中，让水能透过剪出的缝隙浸润到糖块。这样，船就能自行往前了。难道糖块真的能让小船往前开吗？

聪明博士的答卷

其实这和水的表面张力有关。当糖块溶入水中之后，那一部分水的表面张力就大大减弱，而另一端的水表面张力相比之下就强大得多，会把小船拉过去。糖块不断溶于水，一边的表面张力越来越弱，使得两边的表面张力差越来越大，这就给了小船源源不断的"动力"，让它一直往前行驶，直到糖块完全溶解为止。水的表面张力逐渐平衡，小船就停滞不前了。

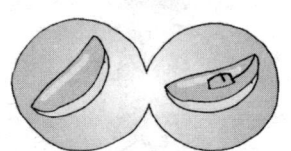

13.猜猜哪根线先断

游戏痴迷指数：★★

小不点的疑团

今天帮妈妈拔白头发，我为了不让她很痛，就很快地一拉，结果白

头发只拔了一半,它从中间断了。这是为什么呀?

工具潘多拉 铁球、实验架(或用能够固定的吸管或门环代替)、粗线、小木棍

游戏对对碰

(1)在铁球两边的环上系粗线,并固定在实验架上,另一端系上小木棍。

(2)边慢慢拉下木棍,边观察哪一边的线会被拉断。

(3)瞬间快速往下拉小木棍,观察哪一边的线会被拉断。

如果慢慢拉动,那么被拉断的线应是实验架与球之间的线;如果在瞬间快速拉动,那么被拉断的则是小木棍与球之间的线。为什么会不一样呢?

聪明博士的答卷

我们先来分析用线连接的球所受的力有哪些。首先是地球对铁球的引力,即重力;其次是为了不使球掉下来而固定在实验架上的线的拉力。这两种力处于平衡状态。

当慢慢拉动时,固定在实验架上的线拉力与地球引力处于相互平衡状态,而当人的拉力超过一定限度时,固定在实验架上的线因经不住力而被拉断。即当慢慢拉动时,实验架与球之间的线被拉断;当猛然拉动

时,由于球欲停止不动而人力要往下拉,则球与小木棍之间的线被拉断。

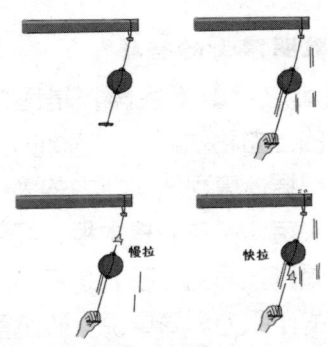

14. 砸不碎的鸡蛋

游戏痴迷指数:★★

小不点的疑团

你听说过世界上有鸡蛋用砖压都压不碎吗?这可是真的哦!下面我们一起来瞧瞧吧!

工具潘多拉 4个鸡蛋、厚约1厘米的薄木板、2块手巾、5块红砖和一把重300~500克的锤子。

游戏对对碰

(1)把鸡蛋分开排成两行,并在鸡蛋的上面和下面各放好折叠起来的手巾。

(2)将薄木板放在鸡蛋上,木板上面放5块红砖。

(3)举起锤子,对准红砖砸过去,

结果鸡蛋没有碎,红砖却碎了(你是不是觉得有点奇怪)。

 聪明博士的答卷

鸡蛋之所以不会碎,是因为鸡蛋所受的压力和木板向上的弹力大小相等。根据计算可知,此力的大小由两部分决定,一部分是木板、红砖和锤子的重量,而另一部分是它们向下运动时的作用力。简单说,砖越重、锤子越小,鸡蛋所受的冲力就越小。鸡蛋上、下垫的手巾,使作用力进一步得到缓和,所以,红砖碎了,而鸡蛋却不碎。当然,红砖数不能过多,以防其重量过重压碎鸡蛋。

15. 比赛快慢

游戏痴迷指数:★★★★★

 小不点的疑团

上物理课时,我走神了,结果错过了老师讲的分子运动原理。到底什么是分子运动呢?

 工具潘多拉 2个玻璃杯、热水、冷水、墨水、滴管

 游戏对对碰

(1)在其中一个玻璃杯里倒入热水,在另一个玻璃杯里倒入等量的冷水。

(2)在每个杯子里滴一滴墨水。

(3)你会发现杯子中的水和墨水融合在一起了,最后都变成了一种均匀的颜色。但相比之下,热水和墨水融合得更快(为什么会这样呢)。

 聪明博士的答卷

根据布朗运动的原理,分子在冷水中运动比较慢,在热水中运动快。所以,墨水在热水里很快就分散开了,而在冷水中却需要一段时间。

16. 沉浮的问题

游戏痴迷指数：★★★

小不点的疑团

你见过浮在水面上的土豆吗？小石块为什么会沉入水底呢？而玉米粒却总是一些沉入水底，另一些浮在水面上？真是有点不明白这是怎么回事？

工具潘多拉 土豆、几块小石块和50克玉米粒、塑料盆、食盐

游戏对对碰

（1）在塑料盆里倒半盆水，把土豆、小石块和玉米粒全部倒进去。结果全部下沉。

（2）往塑料盆里加食盐并不断搅和，结果土豆浮起来了，而小石块没有浮起来；有的玉米粒浮起来了，有的则没有浮起来。

聪明博士的答卷

原来，往水中加食盐之后，盐水的密度增大，浮力增大，所以土豆会浮起来。而小石块的重量远远大于同体积水的浮力，所以小石块浮不起来。瘪玉米粒密度小，所以上浮了。饱满的玉米粒密度大，所以浮不起来。你要知道，在农业生产中，农民伯伯经常用一定浓度的食盐溶液来选种。

17. 旋转的奥秘

游戏痴迷指数：★★★

小不点的疑团

有一种运动大多数人都会害怕，那就是原地转圈，因为一转头就会晕，甚至有人会因此而摔倒。如果转动水桶会出现什么情况呢？

工具潘多拉 小水桶

游戏对对碰

（1）小水桶里装满水，将水桶口朝下，桶里的水一下子就倒在了地上。

（2）重新往水桶里装水，把盛满水的水桶甩着转，你会发现桶里面的水并没有洒出来。如果你加快速度，且旋转得足够快时，即使你把水桶来一个90°翻转，桶里的水

也不会倒出来。

聪明博士的答卷

在物理学上，当物体做圆周运动时，由于向心加速度的作用，使物体类似于受到一股离心方向的力的作用，因此称为离心力。其实这种力并不存在。物体之所以会有离心运动的趋势，是惯性在起作用。当你旋转的速度加快时，由于惯性作用，桶里的水不会洒出来。

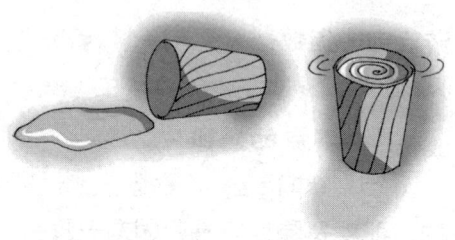

学以致用

玩过过山车的人都知道，当过山车到达"疯狂之圈"时，沿直线轨道行进的过山车突然向上转弯，这时，乘客就会有一种被倒挂的感觉。事实上，是不会掉下来的。其实，这是铁轨与过山车相互作用产生的一种向心力在起作用。一旦过山车走完了它的行程，机械制动装置就会非常安全地使过山车停下来。

18. 飞出去的原因

游戏痴迷指数：★★★

小不点的疑团

很多人都梦想着能到太空去旅行，这个梦想在不久的将来是能够实现的。现在有一个方法让你也能体会到那种被发射升空抛出去的感觉。

工具潘多拉 带铁锥的伞、皮球、纸团

游戏对对碰

（1）把伞撑开，用铁锥对着平滑的地面快速旋转。

（2）向快速旋转的伞内扔皮球和纸团，同时让伞继续旋转。你会发现皮球和纸团都被抛出了伞外。这是为什么呢？

聪明博士的答卷

其实这是物体运动的惯性在起作用。因为皮球并非沿着半径方向，而是沿着圆的运动方向被抛出来。

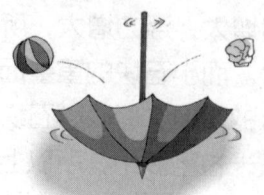

学以致用

经常去游乐场的人看到不断旋转着的游乐车都会忍不住要玩一玩。这种利用电动机使游乐车开始转动，然后逐渐提高旋转速度的装置，使玩的人不论站还是坐，甚至是躺，最后都会被抛向边缘地带。很刺激，喜欢的人可以去试一试。

19. 压缩气火箭

游戏痴迷指数：★★★★

小不点的疑团

火箭对我们来说一点也不陌生，我国的"神舟"飞船的成功都必须用运载火箭发射上天。但火箭是怎么把飞船发射到天上去的？

工具潘多拉 软塑料瓶、塑料细管（可把废圆珠笔芯的笔头剪去代替）、10厘米长的麦秆(要比塑料管稍大)、4张三角形的彩色纸、一小块面团、手钻、万能胶

游戏对对碰

（1）在软塑料瓶的瓶盖上钻一个小孔。

（2）把塑料细管插进瓶盖，再用万能胶粘牢。

（3）在麦秆的一端粘上4张三角形的彩色纸作为火箭的尾翼；另一端用面团封严，捏成火箭头似的形状。等面团干了以后，压缩气火箭就算做好了。

（4）把麦秆做的"火箭"套在塑料细管上，用手使劲一捏瓶子，"火箭"就会"嗖"的一下，飞出10多米远。

聪明博士的答卷

瓶中的空气通过塑料细管进入麦秆，因为麦秆的前端是封闭的，进入里面的压缩空气膨胀后向麦秆的后端(没有封闭的一端)喷出，给麦秆一个向前的作用力，麦秆就向前飞去。这个游戏利用的是反冲力原理。在我们周围，喷气式飞机、火箭和灌溉喷水器等都是利用这个原理运动的。

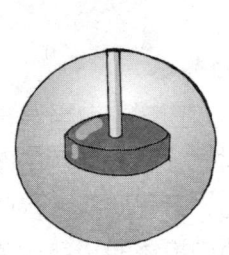
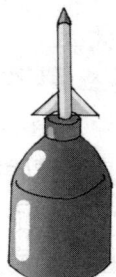

20. 拔"砖"比赛

游戏痴迷指数：★★★★

小不点的疑团

一块砖谁都能一只手把它拿起来，可两个人"拿"的时候却拿不起来。这是怎么回事呢？

工具潘多拉 长绳子（稍粗）、短绳子、砖头（稍微重一点）。

游戏对对碰

（1）先用短绳子把砖头系好。

（2）再把系了砖头的短绳子系在长绳子的中央。

（3）一切准备就绪。裁判一声令下：要求参赛的两名队员把吊着砖头的这根长绳子拉直扯平就算获胜；如果绳子没有拉直，就算砖头获胜。结果谁也没有拉直绳子（这是怎么回事呢）。

聪明博士的答卷

原来，这是力在作怪。当绳子垂直吊着砖头的时候，两人所用的阻止砖头往下落的力，等于砖头本身的重量。当两人向两边拉绳时，所用的力与水平方向成一定的角度，在这种情况下，施加的力必须大于砖头的重力。所用的力与水平方向形成的角度越小，所需要的力越大。这就是为什么越把绳子拉到接近水平位置，越是要花大力气的原因。实际上，就是绳子被拉断，也不会拉成水平的。

21. 会跳舞的可乐罐

游戏痴迷指数：★★★★

小不点的疑团

你见过会跳舞的可乐罐吗？我昨天真的见过，是聪明博士演示给我看的，可到现在我还是不知道怎么做呢？

工具潘多拉 水、可乐罐、小木棍、纸、胶水。

游戏对对碰

（1）把杯子里的水倒入空的可乐罐（掌握好水的量，太少了可乐罐会直立起来，太多了可乐罐又会在倾斜的时候倒下）。

(2)用小木棍做旗杆,用纸做一面小旗。把小旗插入装水的可乐罐内。

(3)装水的可乐罐大约倾斜60°,小心调整可乐罐的位置、水的多少,使其能够以倾斜的姿态站立,不会倒下也不会直立起来。

(4)用嘴轻轻吹动或用手轻轻拨动可乐罐,它就会以倾斜的姿态翩翩起舞(注意拨动可乐罐时用力不要太大)。

聪明博士的答卷

可乐罐底部有一个斜面是它可以翩翩起舞的关键。罐内的液体适量,罐和罐内液体的重心垂线正好通过可乐罐底部的斜面,这样罐和罐内液体就处于平衡状态,但这种平衡不稳定,一定要小心转动它,否则就会倒下来。

22. 如何让硬币落下去

游戏痴迷指数:★★★★

小不点的疑团

我有一枚硬币被一根火柴牢牢地固定在瓶口,怎么才能不用手而让硬币自己落进瓶子里呢?

工具潘多拉 酒瓶、硬币、火柴、水

游戏对对碰

(1)把火柴从中间折弯,但是不能折断。

(2)把这根被折成"V"字形的火柴架到一个酒瓶口上,然后在"V"字形火柴的中间放一枚硬币,硬币要比瓶口小。

(3)把手伸进碗里蘸一点水,把水滴滴在火柴折弯的地方。

(4)过一会儿,这个被折弯的火柴就会"动"起来,"V"字形的口就会越张越大,随后,硬币就会掉进瓶中(水的力量好神奇,竟然能让硬币自己落入瓶中)。

聪明博士的答卷

火柴棍一般是用木材做的,木纤维遇水会膨胀,火柴折弯处有一部分并没有折断,这部分遇水会膨胀得

比较明显，火柴棍就会渐渐伸直，由于地球引力的作用硬币自然会掉进瓶中。

23. 针刺鸡蛋

游戏痴迷指数：★★

 小不点的疑团

昨天，我用一根长针刺穿鸡蛋，鸡蛋却没有破碎。好奇怪，鸡蛋壳明明很脆，为什么没有坏呢？

工具潘多拉 生鸡蛋、长针（针尖要非常尖）、胶带

 游戏对对碰

（1）用胶带绕鸡蛋中部围一个圈。

（2）用长针从鸡蛋一边有胶带处插进去，从另一边有胶带处穿出来。

（3）仔细观察鸡蛋，发现鸡蛋虽然被刺穿了，但并没有破碎。

 聪明博士的答卷

这个刺不碎的鸡蛋与普通鸡蛋一样，关键在于它身上用胶带绕了一个圈。用长针刺穿鸡蛋时，一般蛋壳会产生龟裂，但是因为有胶带的张力保护，裂纹不会扩大，所以鸡蛋不会碎裂。

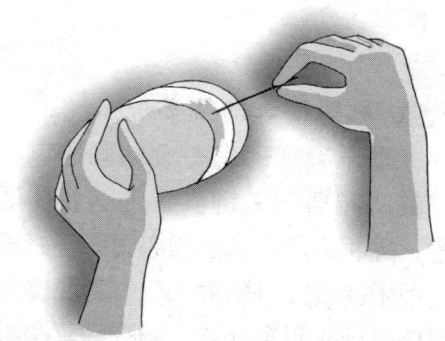

24. 地球为什么呈扁球体

游戏痴迷指数：★★★

 小不点的疑团

地理老师告诉我们：我们生活的星球是呈扁球体，而不是圆球体。地球为什么会是扁球体呢？

工具潘多拉 蓝色的纸、直尺、胶水、铅笔、剪刀

游戏对对碰

（1）摊开蓝纸，用直尺量好两条等宽、等长的纸条，用剪刀剪下来，然后将两张纸条的中心交叉粘在一起。

（2）将交叉在一起的纸条的四端粘在一起，使纸条变成"球"形。

（3）等胶水干了以后，用铅笔从"纸球"的底部（黏合处）穿过，再从顶端穿出。

（4）双手搓动铅笔，纸球在快速的旋转中变成了扁球体，现在你该知道地球为什么是扁球体而不是圆球体了吧！

 聪明博士的答卷

当物体处于快速旋转过程中时，所有的物体都会发生这种现象：中部被向外拉，两端则稍稍往里缩。旋转的地球正像铅笔带动的"纸球"，由于受离心力的影响，地球的赤道向外凸出，形成了近似扁球体的形状。

25. 阿基米得定律

游戏痴迷指数：★★★

 小不点的疑团

上物理课时，经常会碰到阿基米得定律这个概念。阿基米得定律到底是什么呀？

工具潘多拉 木桶（也可用其他玻璃或塑料容器代替）、木块、天平、水

 游戏对对碰

（1）把木桶装满水，并称出其重量。

（2）在水面上放一个木块，这样，就有一部分水从边缘外溢出来。

（3）再称一次带水的容器，你会发现其重量并没有发生变化。做完这个游戏也许你会很困惑，为什么重量没有改变呢？

 聪明博士的答卷

木桶的重量之所以没有改变，是因为从容器边缘外溢的水和那个木块重量完全一样。著名的数学家阿基米得在公元前250年发现，液体对物体的浮力，和它排出的同体积的液体重量是一样的。也就是说，流出去的

水的重量和木块的重量是一样的，木块只下沉到它的重量被浮力平衡的深度。

26. 钓鱼时遇到的问题

游戏痴迷指数：★★★

小不点的疑团

你钓过鱼吗？钓鱼时有没有遇到很多棘手的问题？我也碰到一些难解的问题，我们还是来问问聪明博士吧！

工具潘多拉 钓竿、凉鞋

游戏对对碰

（1）先把凉鞋挂在渔钩上。

（2）当凉鞋在水中时，钓竿是平直的；当你把钓竿使劲往上拉的时候，它却向下弯得很厉害，如何解释这种现象呢？

聪明博士的答卷

这也可以用阿基米得定律来解释。浸在液体中的物体受到液体向上托起的力叫浮力。浮力的大小等于它排开的液体重量（在这个实验中，进入水中的凉鞋所得到的浮力，抵消了鞋的部分重量。把钓竿拉起后，凉鞋恢复了原有的重量，另外还要加上凉鞋带走的水的力量，所以，钓竿弯得很厉害。钓鱼时也一样，出了水的鱼失去了水的浮力，钓竿因为要承受的重量增大而更弯曲）。

27. 纸做的睡莲也会绽放

游戏痴迷指数：★★★★★

小不点的疑团

你见过鲜花开放的样子吗？也许你说见过，但你见过纸做的花开放吗？呵呵，一定没有见过吧！我也只见过一次，却一直不明白纸做的花为什么也会开放。

工具潘多拉 纸、剪刀、水、彩笔、塑料盒

游戏对对碰

（1）将一张平滑的纸剪成一朵花，用彩笔涂上颜色，然后把花瓣向里折叠，做成一朵睡莲的样子。

（2）把这朵纸睡莲放入盛好水的塑料盒中，你就可以看到花瓣以慢镜头的速度向外开放，真的好神奇呀！

 聪明博士的答卷

纸的主要材料是植物纤维，即极细的管道。通过分子间的相吸，水就会渗入这种所谓的毛细管中，纸开始膨胀，就像是植物的花朵放入水中那样，这朵纸做的睡莲的花瓣也会"绽放"。

28. 水中的鸡蛋

游戏痴迷指数：★★★★★

我——小不点，最喜欢吃的就是鸡蛋。可是，对于聪明博士表演的水中鸡蛋我一直弄不明白。今天，就请聪明博士再表演一次吧！大家可看好了！

 工具潘多拉 3个玻璃杯、食盐、3个鸡蛋、滴管、汤勺

游戏对对碰

（1）在2个玻璃杯中注入等量的水，第三个杯子注入前两个杯子中水的一半。

（2）第一个杯子中什么都不加，在第二个杯子中放入两汤勺食盐，第三个杯子中放入一汤勺食盐。将第三个杯子用滴管慢慢将水加至和前两个杯子的水一样多。

（3）在3个杯子中分别放入一个鸡蛋，你会发现3个鸡蛋在水中的高度不同。

 聪明博士的答卷

这和浮力有关。物体密度小于液体就会浮起，大于液体就会沉到底下。鸡蛋的密度小于盐水，大于自

来水。所以，第一杯中，用的是自来水，鸡蛋很自然地沉到杯底；第二杯里的自来水变成了盐水，鸡蛋就浮在水面上；第三杯下半层是盐水，上半层的自来水是用滴管轻轻加进去的，故鸡蛋浮在中间。它虽然会在自来水中下沉，但却浮在盐水上面。

29. 肥皂小赛艇

游戏痴迷指数：★★★★★

小不点的疑团

书上说用一根火柴可以做一个小赛艇在水里游，这是真的吗？

工具潘多拉 火柴（也可用羽毛杆代替）、肥皂、塑料盆、小刀

游戏对对碰

（1）在塑料盆里注入适量的水。

（2）把火柴的一端用小刀从中间劈开（劈开的长度约占总长度的四分之一），在劈缝里镶上一小块肥皂，一个"小赛艇"就做成了。

（3）把这个"小赛艇"放在水盆里，它就会自动地在水中快速行驶。

聪明博士的答卷

"小赛艇"之所以能在水中行驶，是因为镶在火柴上的肥皂在水里逐渐溶解，不断破坏着火柴后面水的表面张力，而火柴前面的表面张力没有被破坏，所以火柴后面的水分子被火柴前面的水分子拉向前去，"赛艇"就前进了。注意，当盆中水的张力都被肥皂水破坏以后，"赛艇"就不会前进了，这时应及时换水。

30. 神秘的信件

游戏痴迷指数：★★★

小不点的疑团

书信是非常私人的物品，常常怕被人看到。那么，有没有办法写一封不会被别人看到的信呢？

工具潘多拉 纸、圆珠笔、水

游戏对对碰

（1）将纸放在水里浸湿，然后把另一张纸放在湿纸上面。

（2）用圆珠笔在干纸上写上你要传达的秘密信息，所写的字会印到下面的湿纸上。等到湿纸干了以后，字就消失了。

（3）把这张写有秘密信息的纸浸到水中，你会发现纸上的字迹又可以看到了。

聪明博士的答卷

因为用圆珠笔写字时一般比较用力，因而就压缩了湿纸的纤维。浸湿过的纸干燥以后，因为没有油墨，写过字的地方可以正常通过光线，所以人看不到字。但是被压缩的纤维并没有复原。当把纸再浸湿后，写过字的地方因为纤维的压缩而无法通过光

线，这样，字迹就又显现出来了。

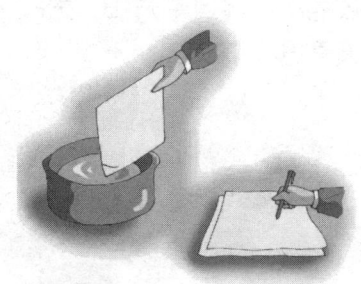

31. 鹅卵石的秘密

游戏痴迷指数：★★★

小不点的疑团

在海边走走，我们经常会拣到漂亮的鹅卵石，这些光滑的五光十色的石头是从哪里来的呢？

工具潘多拉 方糖、广口瓶

游戏对对碰

（1）把一块方糖放在盛冷水的广口瓶里，盖上盖子。

（2）用力摇晃，过几分钟会发现，方糖不但变小了，而且形状也改变了，不再是方形的，而是变成了椭圆形。这是为什么呢？

聪明博士的答卷

方糖在广口瓶里经过水的运动，会慢慢溶化，变成椭圆形。海边

的石头在海水常年的冲刷下，被磨损，被溶解，经过千万年，就成了我们今天看见的鹅卵石。

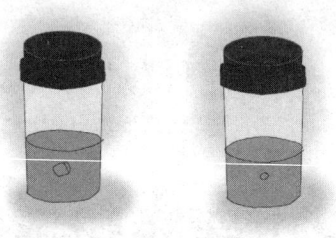

32. 难舍难分的玻璃杯

游戏痴迷指数：★★★★

 小不点的疑团

今天，我遇到了一个难题：把2个规格一样的杯子套在一起后，发现怎么分开了。聪明博士，快来帮帮我吧！

工具潘多拉 2个规格一样的玻璃杯、冰水、一盆热水

 游戏对对碰

（1）把一个玻璃杯放在另一个里面，在套在外面的杯子口上倒点水，使2个杯子之间形成薄薄的一层水膜。结果发现2个杯子粘得紧紧的。

（2）往套在里面的杯子里倒上一些冰水，再把外面的杯子放在热水里浸一下，立刻拔，就可以把2个杯子分开。

 聪明博士的答卷

2个杯子之间的那一层薄水膜，好像黏性极大的胶一样，把杯子粘得牢牢的，用力拔也拔不开。这是因为水和玻璃之间有相互吸引的附着力。2个湿杯子擦在一起，使这两个力结合在一起，在杯子之间形成一种强有力的黏合力，因此杯子拔也拔不开。

往套在里面的杯子里倒上一些冰水，再把外面的杯子放在热水里浸一下，立刻拔，就可以把两个杯子分开。这是因为热胀冷缩，里面的杯子收缩，外面的杯子膨胀，这个极小的变化，能够破坏那层薄水膜在两个杯子间形成的粘合力，杯子就可以分开了。需要注意的是，动作一定要快，否则杯子会黏得更牢。

33. 筛子装水

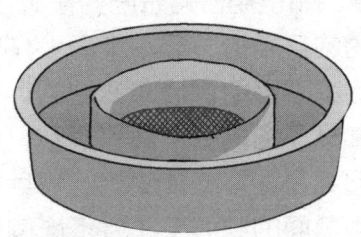

游戏痴迷指数：★★★★★

 小不点的疑团

常言道："竹篮打水一场空"，但也有例外的时候。比如用带小孔的筛子就能打水，不信就来试试吧！

工具潘多拉 筛孔约为1毫米，直径为15厘米的筛子，装有热蜡液的金属盆，清水。

 游戏对对碰

（1）将筛子放入熔化的蜡液中，然后轻轻地拿出来。

（2）过一会儿后，将盆里的水轻轻地倒入粘有蜡液的筛子中（注意：筛子要避免振动哦！），这时你会发现筛子里的水越积越多，水也没有漏在筛子外。

 聪明博士的答卷

筛子为什么能够装水呢？这是因为水被蜡膜排斥，而在筛孔上会形成微凸但却极薄的水膜，阻挡水分子的进入。因此，涂蜡后的筛子不仅可以运水，还可以浮在水面上。

学以致用

同样的原理，在水桶或者小船上涂抹树脂，在树干上涂油，或者在画面上着油彩，在布料上加涂一层橡胶，都可以起到防水的作用。

34. 巧移乒乓球

游戏痴迷指数：★★★

 小不点的疑团

将一个装有乒乓球的玻璃杯倒扣在桌子上，你有什么办法能把乒乓球和倒扣的杯子一起运到终点吗？

工具潘多拉 玻璃杯、2个乒乓球、长桌子（也可用课桌、方桌代替）

 游戏对对碰

（1）把装有乒乓球的玻璃杯倒扣在桌子上。

（2）手拿倒扣玻璃杯的底部（注

意杯口不能用任何东西挡住），连同杯内的乒乓球一起在桌面上作有规律的绕圈运动，带动杯内的乒乓球沿着杯子的内壁作旋转运动，然后拿起杯子，并继续旋转。将乒乓球运到前面的终点（注意不能向前推移到终点）。乒乓球怎么可能一起移到终点呢？

聪明博士的答卷

这个游戏是巧妙运用了离心力。因为乒乓球在旋转时产生了离心力，等到离心力大于地球对乒乓球的引力以后，乒乓球就在杯子内壁上作惯性运动，因此不会从杯中掉下来。

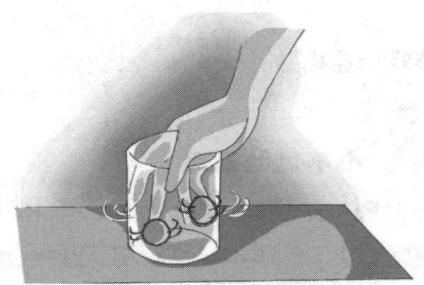

35. 切不断的纸

游戏痴迷指数：★★★

小不点的疑团

一张纸看起来很单薄，可是在这个游戏里，隔着纸用刀切土豆你都不能把纸给切断，真不知道这是为什么。

工具潘多拉 刀、纸、土豆

游戏对对碰

（1）把纸对折，并把刀刃面向纸折处。

（2）用这把折纸夹着的刀切土豆，你会发现纸没有切破（千万记住哦，手不能把上面的纸捏住）。

聪明博士的答卷

原来纸随着刀刃切入土豆，刀刃对纸纤维的压力，得到了土豆的反压力。纸之所以不会被切破，是因为土豆比纸纤维软。即使是切一个未熟的果实，纸的纤维也能够经受得住。但如果把上面的纸捏住，那将缺少反压力的平衡，纸就会被切破。

36. 一根"听话"的绳子

游戏痴迷指数：★★★

小不点的疑团

绳子怎么可能听话呢？它又听不懂人的语言，究竟聪明博士玩的是什么新花样？

工具潘多拉 书、细绳子

游戏对对碰

（1）把细绳子扎在书上，上面和下面各留出一小段。

（2）你拉住绳子的两端，问你的朋友哪端的绳子先断。

（3）你的朋友如果说上面的绳子先断，结果是下面的绳子先断了（记住拉下面绳子的手要用大力）。

（4）你的朋友如果说下面的绳子先断，结果会是上面的绳子先断（记住一定要用力拉上面的绳子）。

聪明博士的答卷

原来，当你下面的手猛地一拉绳子，惯性就会起作用。一开始书还不会受这一猛拉的影响，所以拉力没有被传递到上面的绳子。于是下面的绳子受到了更大的力，就先断了。

当你把下面的绳子慢而稳地拉住时，上面的绳子就要承受书的重量和下面绳子的拉力。这时这根绳子上的拉力就要比下面的绳子大，于是它就会先断。

37. 蛋壳的稳定性

游戏痴迷指数：★★★

小不点的疑团

用一只手捏什么更容易捏碎？是核桃，还是鸡蛋？这个问题我想了很久也没想出来。

工具潘多拉 鸡蛋

游戏对对碰

请你手握一只生鸡蛋（注意鸡蛋壳必须是完整的。为安全起见，你可以把手放入一只塑料袋中），然后用最大的力气去握那只蛋，你会发现鸡蛋纹丝不动。这不可能呀！鸡蛋壳怎么会比核桃壳还要坚固呢？

聪明博士的答卷

当你去握住一只生鸡蛋时,鸡蛋上不能有破裂的地方,手的握力平均分散到了鸡蛋的各个方面,因此不能把鸡蛋捏碎。

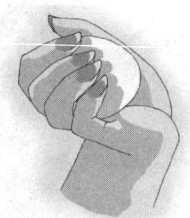

学以致用

利用这一原理,人们建造出了坚固的拱形桥,因为拱形是最稳定的形状。现在,人们已经广泛地利用这一优势修建桥梁和拱门,设计汽车、飞机或者安全帽盔等,大大提高了人们的安全。

38. 会爬动的蛇

游戏痴迷指数:★★

 小不点的疑团

蛇是一种爬行动物,做一条会爬的纸蛇,是不是很有意思呀?来,你也动手试试吧!

工具潘多拉 吸墨纸、笔、剪刀、水

 游戏对对碰

(1)在一张吸墨纸上,先画出一条直蛇的形状,用剪刀把它剪下来。

(2)尽量把纸片折出许多褶皱,把它平放在地上。

(3)在蛇的身上滴一滴水。你会发现蛇向前爬动起来了。(纸做的蛇也能爬行,真希奇!)

 聪明博士的答卷

纸蛇上滴水怎么会使蛇爬动呢?还是让聪明博士来给你答案吧!

原来,把水滴到纸蛇身上的褶皱处时,吸墨纸会立即吸水并扩展开来,由于纸纤维的毛细管作用,水向四周扩散,褶皱处就随之扩张,从而使纸蛇向前爬动。

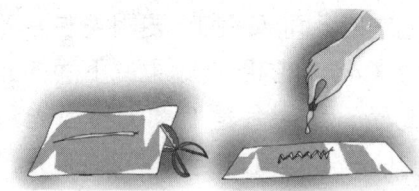

39. 不倒翁

游戏痴迷指数:★★★★★

 小不点的疑团

怎样用鸡蛋做不倒翁,你能告

诉我吗？

工具潘多拉 小锥子、蜡烛屑、2个生鸡蛋、热水、沙子、吸管、纸、彩笔、桌子

🍷 **游戏对对碰**

（1）取2个鸡蛋，用锥子在鸡蛋较小的一端轻轻地戳一个小洞。

（2）将吸管插进鸡蛋里面，把蛋黄和蛋清吸出来，再用清水洗净蛋壳晾干。

（3）在1个蛋壳里加进一些沙子，然后用纸将小洞堵住。

（4）将另外一个鸡蛋壳里面装上一些蜡烛屑，贴上小洞之后，将鸡蛋壳放在热水中加热，等蜡烛屑熔化之后，把蛋壳拿出冷却（注意，蛋壳冷却时应保持大头朝下）。

（5）在2个蛋壳外面画上不倒翁的形象。

（6）把2个不倒翁放在桌子上，你会发现装有蜡烛屑的不倒翁才是真正的不倒翁。

聪明博士的答卷

不倒翁是利用稳定物体的重心来保持平衡的。在这个游戏里，只有装了蜡烛屑的不倒翁的重心被转移到了有蜡的部位，并已经被固定下来，不管你怎么推动蛋壳，它都会恢复到原来的平衡状态。另一个装沙子的蛋壳的重心是不够稳定的，它会停在任意地方，因此不能称之为不倒翁。

40. 水丘

游戏痴迷指数：★★★

小不点的疑团

水在杯子里也会呈现出凸镜形状吗？

工具潘多拉 干燥的玻璃杯、适量的水、硬币

🍷 **游戏对对碰**

（1）往干燥的玻璃杯中灌满水，但不要让水溢出来。

（2）慢慢地往杯中放硬币，一个接着一个，你可以观察到尽管杯里硬币很多，但水却不溢出来，而是在水杯上面形成了一个小水丘。这是为什么呢？

聪明博士的答卷

水丘是表面张力起作用的结

果，这是水分子间的一种相互吸引力造成的，甚至还可以把食盐缓慢地撒在水面上。盐在上面融化，分别进入水分子之间，而水却不会外溢。

41. 软木片爬水丘

游戏痴迷指数：★★★★★

小不点的疑团

让一个小木片来爬水丘应该是很有趣的，但应怎么做呢？

工具潘多拉 滴管、玻璃酒杯、圆形软木片

游戏对对碰

（1）取一只小玻璃酒杯，注满水，直至边缘，放在桌子上。

（2）在水面靠近边缘处放一个圆形软木片。

（3）用滴管向酒杯中滴水，水的中央形成了一个小水丘。你会发现，软木片沿着水丘一点点地爬了上去。

聪明博士的答卷

原来软木片会爬上去是因为水的附着力。用滴管把水慢慢滴入酒杯中，直到形成一个水丘。开始时，重力使软木片留在稍微隆起的水面边缘。你继续向杯中滴水，水的附着力，即水分子和软木片之间的吸引力会越来越强，于是软木片逐渐被拖上水丘的顶部。

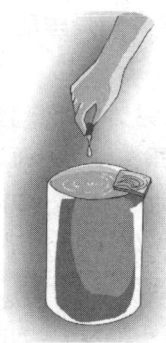

42. 比赛荡秋千

游戏痴迷指数：★★★★

小不点的疑团

秋千是我们经常玩的游戏。那么，你知道用力大幅度荡秋千和轻轻地荡秋千，哪种方式回到原位所花费的时间更长吗？

工具潘多拉 2个吊绳长度相同的

秋千、秒表

 游戏对对碰

（1）让你的2个朋友分别坐在2个秋千上，2人同时荡起秋千。

（2）请其中一个朋友荡得高而且快一些，另一个朋友荡得慢且低一些。

（3）当秋千荡起来的时候，请你的朋友停止用力，让秋千自然摆动，这时开始记录每个秋千回到起始位置所需要的时间。

（4）最后你会发现2个秋千回到原位所需要的时间是相同的。这是为什么呢？

 聪明博士的答卷

秋千是一个简单的钟摆，钟摆完成一个来回运动所花的时间叫周期。钟摆的周期只受它本身长度的影响，而其运动的速度及运动幅度对它的周期没有任何影响。所以，不管是用力大幅度荡秋千还是轻轻荡秋千，只要2个秋千吊绳的长度一样，摆动周期也是一样的。

43. 同时落地

游戏痴迷指数：★★★

 小不点的疑团

聪明博士说，硬币和纸可以同时落地，我真是不敢相信：它们一个轻一个重怎么可能同时落地呢？

工具潘多拉 1元硬币、白纸、剪刀

 游戏对对碰

（1）用剪刀剪出一个和硬币一样大的纸片，把纸片压在硬币上，放在同一只手上（纸片要在硬币上面）。

（2）拿着硬币的边缘，把它们往下丢，发现硬币和纸同时落地（注意，拿硬币时不要碰到纸片）。

 聪明博士的答卷

当硬币在空气中快速下落时，它会拉住紧跟在后面的空气，硬币上方的气压会把纸片紧紧地压在硬币上，所以纸片会贴紧硬币同时落地。但如果有空气进到它们中间，它们就会分开，纸片会以飘动的姿态落地而不是和硬币一起掉落在地面上。

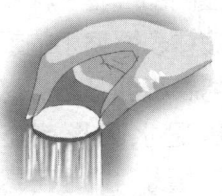

44. 把水打个结

游戏痴迷指数：★★★★

小不点的疑团

什么？水也能像绳子一样，在中间打一个结？这可能吗？

工具潘多拉 1公斤容量的桶、直径为2毫米的钉子、铁锤

游戏对对碰

（1）取一只1公斤容量的桶，在靠近底部并排用钉子和铁锤钻5个直径2毫米的小孔。

（2）把桶放置在水龙头下方15厘米左右，打开水龙头，让水从5个孔中流出。

（3）你用手指在5个孔上滑过，5股水流就会合并起来，好像是扭在了一起，打成了结。

聪明博士的答卷

水分子是相互吸引的，并因此在内部产生一种使液体表面缩小的趋势：表面张力。这也是水滴形成的力量。我们在这

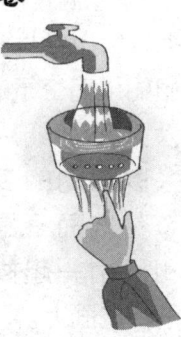

个试验中，可以清楚地看到这种力量：它使水流导向侧旁，然后统合起来。

45. 纸桥

游戏痴迷指数：★★★★

小不点的疑团

用纸做的桥可以把玻璃水杯撑起来，我真不敢相信，还是请聪明博士给我们演示一下吧！

工具潘多拉 2个玻璃水杯、纸

游戏对对碰

（1）把一张纸搭在2只水杯中间当作桥，上面再放第三只杯子，你会发现这座桥承受不起。

（2）你把这张纸折叠起来（如图）放在两只杯子中间，这时它却承载玻璃杯的压力。

聪明博士的答卷

原来，压力分散到了多个斜放的纸墙之上，纸墙折叠后有了合力，因而比平面的纸具有更大的承受力，所以薄薄的纸片也能托起重重的杯子。

学以致用

在工业生产中，把薄板进行形状改变，其稳定性便会大大提高——如瓦楞形铁皮和瓦楞形纸板。

46. 万能的橡皮泥

游戏痴迷指数：★★★

小不点的疑团

橡皮泥在我们的玩具里经常见到，那你试过在水里给它换个新造型吗？

工具潘多拉 橡皮泥、玻璃杯、水

游戏对对碰

（1）把橡皮泥捏成球体、正方体、长方体并放在水里。

（2）再把橡皮泥捏成中间空的船形，也放进水里。

（3）你会发现球体、正方体、长方体都沉入水底，捏成中空的船形的橡皮泥才会浮在水面上。这是为什么呢？

聪明博士的答卷

船形的橡皮泥之所以不会沉入水底，是因为它排开水的体积多，所受水的浮力大于本身的重量，所以会浮起来。而其他的之所以会沉入水底，是因为它们排开水的体积少，所受的浮力小于本身的重量，所以就下沉了。

47. 模拟火箭发动机

游戏痴迷指数：★★★★

小不点的疑团

现代的一些高新科技，真令人眼花缭乱，比如：火箭发动机是怎么做成的？

工具潘多拉 硬纸板、剪刀、胶带、气球

游戏对对碰

（1）从一大张硬纸板上剪下一个直径 20 厘米半圆形。

（2）将半圆形纸板卷起来用胶带粘牢，然后修整齐边，形成一个敞口的圆锥体。

（3）再用剪刀剪下一张 5 厘米长的长方形纸板，将其对折，剪成一个沿长边有折口的三角形。把折口向外折，然后把这个三角形的折口粘到圆锥体上（如图）。

（4）照此再做 2 个三角形，对称地粘到圆锥体上。

（5）把气球吹大，然后放到圆锥体里面，火箭发动机就做好了。

（6）松开气球吹口，当气球里的气体放出来时，"火箭"就会快速向前飞行。

 聪明博士的答卷

这个简单的游戏装置和真正的火箭发动机有点相似。气球中喷出来的气体推动"火箭"飞向天空。现实中，有的火箭是以液体燃烧作为动力的。当燃料点燃后，火箭向后喷出气体，把火箭快速向上推进，冲入太空。

48. 水中魔力

游戏痴迷指数：★★★

 小不点的疑团

水会有什么魔力呢？除了能洗刷衣物外，我想不出有别的魔力！

 工具潘多拉 塑料袋、塑料盆、水

 游戏对对碰

（1）把塑料袋套在手上。

（2）在盆中加入自来水，然后把手连同塑料袋一起放入盆中。注意袋口不要没入水中，防止塑料袋内进水。

（3）此时，慢慢提起你的手。你会发现塑料袋紧贴你的手，好像它被手吸住了似的。这是怎么回事呢？

聪明博士的答卷

水中不仅有浮力，而且还有压力。塑料袋里面有许多空气，由于水压的作用，塑料袋内部的空气被压出。因此，你会感到塑料袋紧紧贴着你的手。

49.看谁滚动得快

游戏痴迷指数：★★★★

小不点的疑团

在相同的条件下，圆环、圆盘、玻璃弹珠和空心球，哪个物体滚动得最快呢？还是试一试吧！

工具潘多拉 圆环、圆盘、玻璃弹珠、空心球

游戏对对碰

（1）找一个比较光滑、坡度合适的斜坡，在斜坡的上面画一条"起跑线"。

（2）参赛者从圆盘、圆环、玻璃弹子、空心球这几样东西中任选一样，作为自己的参赛"选手"。

（3）参赛者拿好所选的东西，站在起跑线上，把各自手上拿的东西放在斜坡上。

（4）当裁判一声令下，各自松手让自己的"选手"滚动（注意，不能使劲往下推你的"选手"）。

（5）你会发现，每次获胜的都是选择玻璃弹珠的人。小小的玻璃弹珠为什么会滚得最快呢？

聪明博士的答卷

原来，物体滚动的速度与它的重心周围的重量分布有直接的关系。这个重量分布叫惯性矩。惯性矩越小，物体滚动得就越快。在这几类物体中，重量分布情况都不一样。圆环的惯性矩最大，所以它滚得最慢；而玻璃弹珠的惯性矩最小，所以它滚得最快。

50. 捅不破的纸

游戏痴迷指数：★★★

小不点的疑团

木棍很坚硬，薄纸很薄，但你却无法用木棍捅破那张薄纸。那是为什么呢？

工具潘多拉 纸、木棍、高20厘米的硬纸筒、橡皮筋、沙子

游戏对对碰

（1）用纸包住硬纸筒的一端，然后用橡皮筋把它固定住。

（2）往纸筒中倒入约10厘米厚的沙子。

（3）一只手握住纸筒，另一只手把木棍插进沙子里，然后用力将木棍往下按。

（4）结果，尽管你用了很大力气往下按木棍，但木棍仍无法将纸筒底部的纸捅破。这就是弱者战胜强者的奥妙所在！

聪明博士的答卷

当你将木棍插入装有沙子的纸筒并往下按木棍时，由于沙子之间有很多微小的间隙，沙子会相互碰撞，于是便把你按木棍的力量转移到了各

个方向。所以，你用在木棍上的力量并没有全部作用在纸上，而只有一小部分用到了纸上。因此，你捅不破那张纸。

51. 雨衣为什么能防水

游戏痴迷指数：★★★★

小不点的疑团

我们都知道下雨天会用雨伞或雨衣来遮雨，那么，雨衣为什么能防水呢？

工具潘多拉 一杯水、普通衣物、雨衣

游戏对对碰

拿一杯水，倒半杯水到普通衣物上，水很快就渗入到衣物上；用另外半杯水倒在雨衣上，水却顺着雨衣滑落下来。这是为什么呢？

聪明博士的答卷

这是因为雨衣材料的特殊性，

它是用防雨布(经过防水剂处理的普通棉布)制成的。防水剂是一种含有铝盐的石蜡乳化浆。石蜡乳化以后，变成细小的粒子，均匀地分布在棉布的纤维上。石蜡和水是合不来的，水遇见石蜡，形成椭圆形水珠，在石蜡上面滚来滚去。可见，是石蜡起了防雨作用。物理学上把这种不透水的现象，叫做"不浸润现象"。而水一遇到普通棉布，就会通过纤维间的毛细管渗透进去，这叫做"浸润现象"。

物体是由分子组成的。同一种物质的分子之间的相互作用力，叫做内聚力；而不同物质的分子之间的相互作用力，叫做附着力。在内聚力小于附着力的情况下，会产生"浸润现象"；反之，则会出现"不浸润现象"。雨衣不透水，正是由于水的内聚力大于水对雨衣的附着力的缘故。

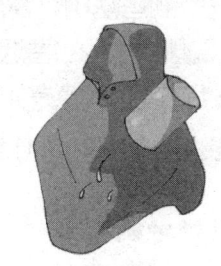

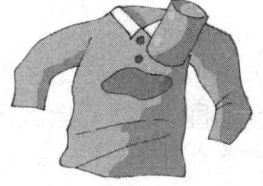

52. 水的波纹

游戏痴迷指数：★★★

小不点的疑团

你见过水的流动吗？知道水的能量是怎么来的吗？

 工具潘多拉 碗、水、铅笔

 游戏对对碰

（1）在碗里加满水，待水面完全平静下来后，让铅笔和水面互相垂直，然后用笔尖在碗中央的水面上轻轻碰几下。

（2）你会发现在铅笔碰触的水面上，出现了一轮轮圆形的波纹，波纹从水面中央慢慢地向四周蔓延开去，越变越大。离圆心越远，波纹的形状就越不明显。

聪明博士的答卷

当水面遇到外界的力的时候，会以波浪的形势移动。而且波浪可以把能量从一个地方传递到另一个地方，让物质发生上下左右的位置移动。

53. 巧去机油

游戏痴迷指数：★★★★

 小不点的疑团

油船沉没大海的时候会大面积污染海水，你知道人们是用什么方法缓解这种现象的吗？

工具潘多拉 大盆、少许机油、吸管、长毛线、沙子、吸附性强的纸

 游戏对对碰

（1）往大盆里加水，并用吸管滴几滴机油在水里，将毛线围成圆形，把漂在水面的油围起来，然后边少量地放进沙子边进行观察。

（2）再用吸附性比较强的纸去吸油，发现机油慢慢被吸走了。

 聪明博士的答卷

清除漏油时，首先要做的事是把油围起来。这一工作叫做"封锁作业"。只有先把油围起来，才能正式开始清除工作。清除油的方法有几种。像利用吸附性强的纸一样除油的方法叫做"吸附"法，这个方法用得最多。但是，由于难于处理吸附油的"吸附纸"，所以这个方法不能说是完美的方法。还有撒沙子的方法。这种方法被称为沉淀法，撒沙子后大部分的油都能沉淀，但过一段时间后，油随着泡沫又重新浮上水面。同时还会给贝壳之类的海底生物带来危害，所以也不能说是完美的方法。

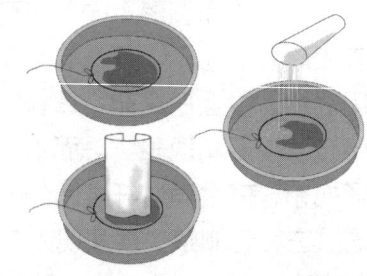

54. "痛苦"的香烟

游戏痴迷指数：★★★★★

 小不点的疑团

抽烟的人都非常痛苦，因为他的肺部总是受到香烟中有害成分的袭击。现在，聪明博士也给香烟一点"痛苦"，那香烟的痛苦究竟是什么呢？

工具潘多拉 香烟、塑料纸

 游戏对对碰

（1）将香烟卷塑料纸中，把两头拧紧。

（2）就像给绳子打结一样，你也可以给香烟打结。而且摊开后，还是一支完整的香烟。为什么会这样

呢?香烟不怕"疼"吗?

聪明博士的答卷

原因很简单。如果没有外面的塑料纸,很显然香烟立即就会被扭断,因为香烟中的烟丝,会在压力最大的地方把烟纸捅破。但是,包上塑料纸以后,由于卷得结实,所以它的压力分散到了整个香烟上。把结打开并把纸展开后,香烟并没有损坏。

55. 危险的钞票

游戏痴迷指数:★★

小不点的疑团

一张钞票就在你脚前方30厘米的地方,你能把它捡起来吗?

工具潘多拉 钞票

游戏对对碰

(1)笔直地靠着墙壁站好,双脚并拢,脚后跟靠墙。

(2)在脚前方大约30厘米的地方放一张钞票。

(3)现在不要移动脚,也不要弯曲膝盖,设法捡起这张钞票。做的时候要小心,不要摔倒了呀!

聪明博士的答卷

其实无论你怎样用力,你都捡不起来。如果你非常努力地去捡它,你就会摔倒。

当你靠墙站立时,你的重心落在你的脚上。当你向前倾斜捡钞票时,你的重心就会前倾。这个时候,为了保持重心稳定、身体平衡,你必须迈开脚步。可是游戏的规则是不能移动双脚,于是无论你怎么用力,都无法捡起钞票。如果你一定非常努力地去捡,你就会失去平衡,最终摔倒。

56. 会画画的方糖

游戏痴迷指数：★★★★

小不点的疑团

除了彩笔能画画之外，你还能想到其他方法来画画吗？聪明博士说可以用方糖画，这怎么可能呢？

工具潘多拉 2个碟子，2块方糖，红、蓝彩笔各一支

游戏对对碰

（1）用蓝色彩笔在一块方糖的中央用力点，用红色彩笔在另一块方糖的中央用力点。

（2）用水把碟子底部全部弄湿，然后放上被点过颜色的方糖，进行观察。随着方糖慢慢溶化，在碟子上出现漂亮的图像。很神奇吧！

聪明博士的答卷

我们平时应该看过水中的墨水，在水中滴入墨水时会看到它向四面蔓延。这种现象叫做扩散。方糖能成画家也是由于扩散现象。当方糖遇到水慢慢溶化时，点在上面的墨水也遇水蔓延，所以形成了画。

57. 静止游戏

游戏痴迷指数：★★★★

小不点的疑团

我是一个爱跳、爱动的小不点，对于什么是"静止游戏"一点也不感兴趣，但聪明博士说这个游戏很有趣，那就来看看吧！

工具潘多拉 一张长10厘米、宽3厘米的纸条，橡皮，桌子

游戏对对碰

在桌上摆放一张纸条，一端用竖立着的橡皮压住。将纸条拉平，并快速将纸条拉出，力道正确的话，你可以发现橡皮还稳稳地立着，不会倒下去。这是为什么呢？

聪明博士的答卷

我们知道运动的物体在惯性的

作用下，会保持着运动着的趋势，其实静止的物体也是有惯性的，就是保持自己的静止状态。游戏中橡皮也是如此，当外力的作用不明显时，惯例的作用就比较明显。游戏成功的关键在于，抽出纸条的动作要迅速，这样纸条对橡皮施力的时间很短，施力效果就很不明显。但是如果拖动纸条的时间比较长，那么纸条对橡皮的施力作用就比较明显，那么很有可能带着橡皮一起向前滑动。

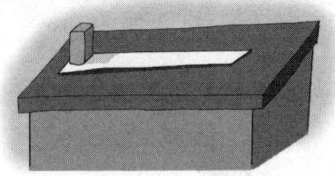

58. 向前跌落的气球

游戏痴迷指数：★★★

 小不点的疑团

乘坐汽车时，每当遇到急刹车，人们总是向前倾，这是为什么呢？

工具潘多拉 吹好的气球、玩具车、细绳、3厘米高的障碍物

游戏对对碰

（1）用细绳的一端系在玩具车上。

（2）将气球放在玩具车上面。

（3）将障碍物放在玩具车的前面，快速拉着细绳让车往前行驶。当玩具车撞在障碍物上停下来时，气球却不会停下来，会按照原先的速度往前面冲去而跌落下来。为什么气球不会停下来呢？

 聪明博士的答卷

这就是惯性的作用，气球在行驶过程中，保持了一定速度，车子遇到障碍，只能停止下来，而上面的气球却因为没有障碍(障碍物高度比较矮)，会依然用原来的速度往前。这也是平时我们坐车的时候，如果遇到急刹车的情况，我们会不自觉地往前倾。运动着的物体，在无障碍的情况下，总是保持向前运动的趋势，这就是物体的惯性，当然在现实生活中，运动着的物体与它运动着的平面总是存在摩擦力的作用，所以最后总会慢慢停止下来。

59. 会"荡秋千"的蜡烛

游戏痴迷指数: ★★★★

 小不点的疑团

我从来没看过会荡秋千的蜡烛,博士,你能给我展示一下吗?

工具潘多拉 小段蜡烛、稍长的铁丝、2块砖头、火柴

 游戏对对碰

(1)先将蜡烛两边的蜡烛芯都露出来,然后再用铁丝从蜡烛中间部位穿过。

(2)将2块砖立起来,把铁丝架在砖上,用火柴点燃蜡烛的两头。观察发现燃烧着的蜡烛以铁丝为轴心,一上一下地翻动起来,就像手持火把玩"秋千"的孩子似的。

 聪明博士的答卷

为什么会有这种现象呢?主要原因是受重力影响,蜡烛会有垂直悬挂的趋势,而火焰向上的一端燃烧得要快,即使原本两端平衡,最后因为燃烧依旧会出现不平衡,较短的一端总是往上翘,较长的一端向下倾斜。这样,由于火焰总是向上,较长的一端燃烧得必然快些,其长度将很快缩短,当它比另一端蜡烛的长度还要短时,就要上升成为高端。这一过程不断反复进行,所以蜡烛的两端一边燃烧,一边就像玩"秋千",一上一下,上上下下摇摇摆摆,直到烧完为止。

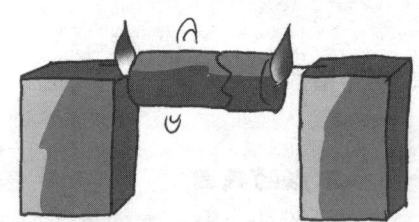

第二篇

声音的游戏

声音对我们来说最熟悉不过了,歌声、琴声、钟声、喊声……无不像空气一样充斥在我们周围。然而,美妙动听的声音也蕴涵着实用的科学原理哦!现在,就从声音入手,开始你的科学之旅吧!

60. 声音的传播

游戏痴迷指数：★★★

小不点的疑团

声音是靠介质传播的，这个地球人都知道。那么，声音能在固体中传播吗？

工具潘多拉 金属叉子、长线

游戏对对碰

（1）将叉子拴在长线的中间。

（2）把线的两端分别缠在双手的食指上，缠绕多圈，插入耳朵，然后让叉子碰到坚硬的物体上。等它垂下把线拉直时，你就可以听到敲钟似的响声。

聪明博士的答卷

你是不是能通过长线和手指听到声音呢？这是什么原因呢，还是让聪明博士告诉你吧。

通过敲击，金属就会振动，就像音叉一样。这里的振动不是通过空气，而是通过线和手指传递到耳膜上。声音不仅可以通过空气，而且可以通过一切固体、液体和气体进行传播。

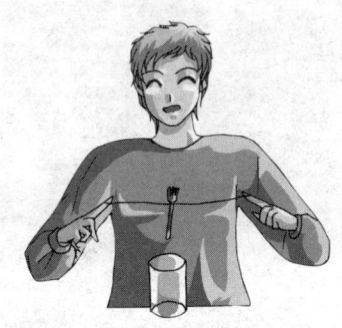

61. 罩住噪声

游戏痴迷指数：★★★

小不点的疑团

有一些噪声我们可以把它当成物体一样隔离开来，拿一个小闹钟来做实验吧。

工具潘多拉 小闹钟、带盖子的铁盒、纸盒、玻璃钟罩、铁桶、棉花

游戏对对碰

（1）把小闹钟放在盖紧盖子的铁盒里，这时它的响声变小了。把小闹钟用纸盒罩住，外面再扣上个大铁桶。这样双层罩的隔声效果会更好些。

（2）如果小闹钟的响声还能通过桌面传出来的话，可先在桌面上放一块棉絮，把小闹钟放在棉絮上，外边扣上一个纸盒和一个铁桶。你就会发现，小闹钟的响声几乎听不到了。

聪明博士的答卷

前一种方法叫隔声。隔声结构一般都是密实、沉重的材料，声波射到单层墙或单层板上，会引起这些"罩子"的振动，把声音传出去。罩子越沉重，越不容易振动，隔声效果自然比较好。

中间用双层罩子的原因是，有空气夹层的双层隔声结构，比同样重的单层隔声结构效果好。声波传到第一层壁时，引起第一层的振动，这个振动被空气层减弱后再传到外层壁上，声波的能量已小了许多。再经过外层壁的阻挡，传出的声音就很小很小了。

学以致用

同样道理，如果在机器和它的基础之间放上具有弹性的物体，也能把固体传出的噪声隔开。这种技术就叫做隔振。工程上常用橡胶、软木、沥青毛毡等材料隔振，也可以用各种弹簧来隔振。

62. 会发声的气球

游戏痴迷指数：★★★★

小不点的疑团

一个灌满水的气球能够发出清晰的声音，这是什么原因呢？做完下面的游戏你就知道了。

工具潘多拉 2个气球、细线

游戏对对碰

（1）把第一个气球吹好，用细线将嘴扎紧放到一边备用。

（2）将第二个气球吹嘴套在水龙头口上，慢慢注入自来水。当这个气球跟第一个气球差不多大小时停止注水，用细线将嘴扎好。

（3）将2个气球平放在桌子上，用手指轻轻叩响桌面，把耳朵依次贴在2个气球上听声音。这时，我们会发现盛水的气球能传出比较清晰的声音。这是为什么呢？

聪明博士的答卷

这个跟声音的传播介质有关。声音能传到我们的耳中是因为我们周围的空气受到了声波的振动。空气中含有很多微细的分子，分子与分子之间相隔着一定的距离。由于水分子之间相隔的距离要小得多，因此，它们传送声波的振动要容易得多。所以，盛水的气球听到的声音比较清晰。

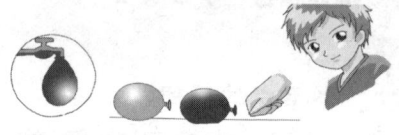

63. 易拉罐的巧妙声音

游戏痴迷指数：★★★★★

 小不点的疑团

声音在生活中无处不在。你看，简单的易拉罐也能演奏出一小段美妙的"音乐"。

工具潘多拉 易拉罐、美工刀、筷子、锥子、细线

 游戏对对碰

（1）用美工刀在易拉罐的侧面开一个长5厘米、宽0.7厘米的小洞（最好戴上手套，易拉罐的开口和美工刀都比较锋利）。

（2）取一根筷子，折断备用。折断的筷子长度要小于5厘米。

（3）在易拉罐的底部用锥子凿一个小孔（只要能穿过细线就可以）。

（4）用一根细线穿过罐底，之后再通过侧面的小洞将细线系上折断的筷子，然后再拉回罐中。

（5）将罐口密封，接着拉住细线的一端在空中挥舞，这时候就可以听到易拉罐发出的奇妙"嗡嗡"声了。

 聪明博士的答卷

声音是空气振动产生的，从易拉罐侧面的洞口出入的空气会振动发出声音。假如改变易拉罐上洞口的长度及转动的速度，还会出现高低变化的声音。即使挥舞的是相同的易拉罐，但由于空气在易拉罐中的流动富有变化，也会发出高低起伏的声音。

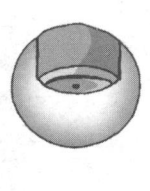

学以致用

美妙的音乐很好听，但要放在设计很差的音乐厅里效果就不好了。这就称为交混回响。为使音乐达到完美的境界，音乐厅都建造成特殊的形状，并用吸音效果好的材料来建造，以达到更好的音响效果。

64. 危险的声发射

游戏痴迷指数：★★★★

小不点的疑团

物体发出某种声音，有时候是一种危险现象的提示，如果利用这些声音，或许能提高我们的防患意识。

工具潘多拉 细树枝、铁盒子、金属锡

游戏对对碰

（1）用力折细树枝。当它快要断裂时，仔细听它发出的声音。

（2）把铁盒子贴到耳边，用手压盒盖，盒盖被压弯了，与此同时，耳朵也听到了声响。

（3）如果能找到金属锡，你用两手反复地弯曲它，就会听到它"噼啪"、"噼啪"地提"抗议"了，这就是锡鸣。

聪明博士的答卷

生活中，这类现象是很常见的。用木棍抬东西，当木棍发出"咯吱"、"咯吱"的声响时，危险就要来临了；有经验的矿工在矿道中听到坑木的某种声音，就知道要发生事故了。上面这些利用声音判断事故的办法跟敲击探伤法不同，不是用其他力量去敲击物体发声，而是在外力作用下，由物体自身的隐患部位发出声音。为了和声撞击相区别，我们把这种现象叫做声发射。

学以致用

现代声发射技术能把声发射信号放大，又能把声发射信号和环境噪声区别开。

声发射技术是近20年来兴起的现代技术，它在航空、航天、原子能以及金属加工方面有广泛的用途。

在巨大的高压容器、发动机和核反应堆旁，声发射监测器正在默默无声地工作着，为人们的安全站岗放哨。

65. 欢叫的小鸟

游戏痴迷指数：★★★★

小不点的疑团

鸟儿的叫声婉转嘹亮，会引起

人们无限的遐想。我也能学小鸟叫吗？

工具潘多拉 2个纸杯、吸管、胶带、小刀

游戏对对碰

（1）把一个纸杯倒过来，在底部中央部位用小刀开一个边长约1厘米的三角形小孔。

（2）将吸管插进杯底三角形小孔，并用胶带固定好吸管。

（3）用胶带把另一个纸杯口对口地和这个纸杯粘在一起，密封好。

（4）向吸管中吹气，就会听到像鸟叫的鸣叫声了。

聪明博士的答卷

这是一个关于共鸣的游戏。两只纸杯黏合在一起，便形成了一个封闭的共鸣箱。当吸管中的空气通过三角形小孔传入杯内时，杯内的空气受到振动形成声波，而声波在封闭的空间内产生共鸣，声音强度变大，传出来的声音也就变大了。

66. "土"电话

游戏痴迷指数：★★★★

小不点的疑团

电话，已经成为我们生活中不可缺少的通讯工具。那你也想自己做一部"土"电话吗？

工具潘多拉 2个金属罐、细绳

游戏对对碰

（1）在2个金属罐的底部钻一个小孔，小孔在能让细绳穿过的前提下越小越好。

（2）细绳穿过金属罐底部的小孔，将两个罐连接在一起（细绳的两端分别打结，结绳要大于孔眼，以免细绳被拉出罐外），细绳的长度取决于你和朋友之间的距离。

（3）现在你和你的朋友一人有一个金属罐，拉直细绳就可以对话了。讲话的时候要靠近金属罐，细绳不要碰到其他东西，否则声音可能由细绳传播到别的地方去，影响效果。

聪明博士的答卷

声音是通过介质传播的，在固体中传播速度很快。当你对着金属罐讲话时，声音会经由金属罐传到细绳

上去(此时你触摸细绳会发现它有轻微的振动),再沿着细绳朝前传播,最后到达另一端金属罐,就传进了你朋友的耳朵里。

学以致用

知道了声音的传播原理后,电话也就诞生了。电话是利用电话线将声波用电磁波的方式传播出去。声音引起振动—引起电流变化—产生电磁波—再转化为振动—听到声音。当电磁波传到对方的电话机时,电话机再将电磁波转换成原来的声波,这样对方就能听到你的声音了。

67. 奇妙的听诊器

游戏痴迷指数:★★★★

 小不点的疑团

什么是听诊器?医生为什么将它放在病人的胸口就知道病人哪里出毛病了?

 工具潘多拉 剪刀、硬纸片

游戏对对碰

(1)用剪刀把硬纸片剪出长约20厘米、宽约10厘米的长方形,再把它卷成一个上小、下大、中空的圆台体,密封好交接处,两端再裁齐。

(2)按照圆台体两端的口径大小,再从硬纸片裁剪出两个圆环,内环相同,外环一大一小。

(3)将2个圆环分别与圆台体的两端相接,确保所有相连的部分严密了,听诊器就做好了。

(4)把做好的听诊器一端放在朋友的胸口上,一端放在自己的耳朵边。看看你是不是能听到朋友的心脏发出了"怦怦"声?

 聪明博士的答卷

人体内部所发出的声波扩散开来,变得非常小,所以你即使站在旁边,也没办法听到别人的心跳。而圆台体的作用是把这些声波聚拢起来,让它沿着声筒朝前运动,这样就能通过圆台体传到你的耳朵里了。

68. "逃跑"的声音

游戏痴迷指数：★★★★

小不点的疑团

聪明博士说：同一物体，它的声音也不是完全不变的，有些声音是会"逃跑"的。这是真的吗？

工具潘多拉 广口瓶、铁丝、2个小铃铛、蜡烛、长纸条、火柴

游戏对对碰

（1）在广口瓶的瓶盖上打一个孔，穿过铁丝，铁丝上拴着2个小铃铛。

（2）将广口瓶盖上盖子，这样2个小铃铛就放进瓶子中去了。摇晃一下，能听到小铃铛发出的清脆声音。

（3）再打开盖子，找一节蜡烛和一些稍微长一点的纸条，用蜡烛点燃这些纸条，马上将燃烧着的纸条投到瓶子中去，并迅速盖上盖子。

（4）等瓶子中的火熄灭之后，再摇晃铃铛，发现小铃铛发出的声音变小了很多。这是为什么呢？难道声音逃跑了吗？

聪明博士的答卷

刚开始，我们能听到铃铛的声音，是声音通过瓶内的空气以及玻璃瓶传播出来的。声音的传播需要介质，空气是一种最常见的声音传播介质。而将燃烧着的纸条投到瓶子里，瓶中的空气会受热膨胀溢出一部分，同时燃烧也消耗掉瓶中的一些氧气，空气减少了，而瓶子又盖了盖子，无法从外界补充空气，声音的传播就受到了影响，变得小多了。

69. 喇叭的妙用

游戏痴迷指数：★★★★

小不点的疑团

喇叭在我们的生活中经常能见到，它能把我们的声音尽可能地传到

远处,那它能不能也把远处的声音尽可能地传到我们的耳朵里呢?

工具潘多拉 硬纸、透明胶带、剪刀

游戏对对碰

(1)按餐盘的大小,把硬纸剪成一个圆形,再把这个圆形一分为二。把其中的一半卷成一个圆锥体,并用胶带粘住。再把尖头的一端剪掉,形成一个喇叭。

(2)先不使用喇叭,让你的朋友远距离的小声说话,看你是否能听清楚,然后,把喇叭的小口对准耳朵,把大口对准声源,仔细聆听,你会发现听得更清楚了。

(3)头不要转动,只转动喇叭,接受别处的声音,发现声音同样清晰。

聪明博士的答卷

耳朵能被人看见的部分叫耳郭,它是用来聚集声音的。听觉是否灵敏一部分取决于耳郭。喇叭能使你的耳郭加大,所以你能远距离地听清楚别人说的话。一般情况下,耳郭越大,听力越好。

学以致用

自然界有很多动物为了躲避危害,保证自身安全,听觉特别敏锐。比如长着一对能听、能转向的大耳朵的狐狸,靠着这对灵敏的耳朵躲避了很多危难。

70.能"看见"的声音

游戏痴迷指数:★★★★

小不点的疑团

声音也能被看见吗?这个真的有点困难,但是,我们能够通过一些方法看到声音的振动。

工具潘多拉 空罐头盒、剪刀、衬衣纽扣大小的破镜片、破气球、橡皮筋

游戏对对碰

(1)先把空罐头盒的两端打通,然后从破气球上剪下一块,再用橡皮筋把它紧紧绷到罐头盒的一端。

(2)再把破镜片粘到空罐头盒的橡皮上。粘的时候,注意不要粘在橡皮的中心,只要粘在靠边上一点就行。

(3)"看"声音的时候要有太阳。对着太阳,站在一堵墙前,距

墙三四米远即可。拿起罐头盒让有橡皮的一端对着墙,让破镜片反射的光投到墙上。这时,你对着空罐头盒的敞口端拉长音大喊,就像演员练声一样变着调喊,破镜片就会随着不同的声音产生振动,墙上的光点就会产生不同的图形。这样,你就"看到"了你的声音。

 聪明博士的答卷

人们已经发明了一种电子仪器,用它可以对声音引起的振动做精确的研究,这种仪器叫"示波器"。这个游戏装置其实是一个"光线示波器",用它来显示声音的振动,并让我们"看到"声音的振动。

71. 会"唱歌"的玻璃杯

游戏痴迷指数:★★

 小不点的疑团

我从来都没有听说过玻璃杯会唱歌,可聪明博士说玻璃杯能唱歌,这是真的吗?

工具潘多拉 2个薄壁葡萄酒杯、肥皂

 游戏对对碰

(1)把2个薄壁葡萄酒杯并排摆放在桌子上。

(2)用肥皂把手洗干净,然后用潮湿的食指,缓慢地顺着一个杯沿运动,这时就会发出一种响亮而美妙的持续声响。

 聪明博士的答卷

手指摩擦玻璃杯,玻璃杯会受到微小的冲击,开始振动,波及周围的空气,发出声音。如果你在2个杯子之间的沿上搭一根细铁丝的话,声波还会传递到第二个杯子上,也发出声音。"跟唱"现象之所以出现,是因为2个杯子在受到声波冲击时有同样的振动频率。

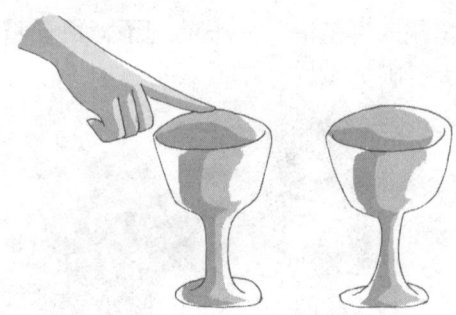

72. 叫嚣的纸杯

游戏痴迷指数：★★★

小不点的疑团

只要用一段特殊的牙线，就可以让纸杯发出叫嚣声。看看我们是如何利用这段牙线的。

工具潘多拉 纸杯、牙线、蜡、牙签

游戏对对碰

（1）在纸杯底部的中心部位用牙签扎一个小孔备用。

（2）将牙线涂上蜡，然后再把它从小孔中穿过去。为了防止牙线从纸杯中脱出去，我们在牙线的末端系上一枚牙签。这个特殊的纸杯就做好了。

（3）用一只手拿着纸杯，另一只手的食指和拇指夹住牙线并顺着牙线轻轻向下滑动手指，这时纸杯会发出很大的叫嚣声。平时喝水的纸杯经过特殊的改造为什么会叫嚣呢？

聪明博士的答卷

这个游戏的原理和小提琴相似。小提琴的琴弦靠琴弓的摩擦，产生振动，发出基本的声音，再经由共鸣箱发出较大的声音。小提琴上面的松香是为了增加马尾与琴弦的摩擦力，跟游戏中用的蜡一样，能使平线产生振动。纸杯在此处能增强这种振动。

琴音的高低取决于琴弦的长短、粗细及张力。愈短、愈细、愈紧的琴弦，所产生的音愈高。在这个游戏中，也可以用调节牙线的松紧度来调节音调的高低。如将牙线松散的一端系在某个固定的物体上，拉住纸杯让牙线绷紧，然后滑动手指，就会发现牙线绷得越紧，音调越高。

73. 自制笛子

游戏痴迷指数：★★★★★

小不点的疑团

你知道笛子是靠什么演奏出悦耳的音乐吗？

工具潘多拉 竹管（或塑料管）、软木塞、手钻、砂纸、胶水

游戏对对碰

（1）将一个小的软木塞打磨成适合竹管内径的大小，且能够刚刚塞

住竹管。

（2）用手钻在竹管的一侧钻出一个小圆孔，并用砂纸打磨。在距这个圆孔较近的一端，塞入软木塞，与孔齐平，但不能堵塞圆孔。如果软木塞与竹管之间还存有缝隙则容易漏气，须将胶水从竹管口滴入，封住缝隙。

（3）试着吹奏，确定不会发生漏气，且以此为标准来定音，这个圆孔即作为笛子的吹孔。继续在竹管上依次钻孔，每钻一孔，都可以在吹孔中试音。笛音是否准确，取决于小孔的直径大小是否准确，可以一面试吹，一面用砂纸打磨矫正孔洞，直到正确为止。

（4）除去吹孔，笛子上应该钻有6个圆孔。吹奏笛子时，松开按住笛孔的手指，就能够演奏出不同的音阶，根据距离的远近以及手指的不同组合变化，便能产生奇妙无穷的笛声。

聪明博士的答卷

笛子发声的原理叫做边棱效应，即流动的空气柱被笛子吹孔边缘的棱角强制地切成两路，一路流入笛子内部，另一路流出笛子外部。空气被强制分成两路所产生的摩擦音，就是笛子的发音原理。

74. 用声音吹蜡烛

游戏痴迷指数：★★★

小不点的疑团

我们通常是用嘴巴吹灭燃烧着的蜡烛，可是声音也可以做到，你听说过吗？我也是刚刚听说的。

工具潘多拉 气球、剪刀、蜡烛、火柴、硬纸筒

游戏对对碰

（1）从一只大气球上剪下两个圆片，把它们绷紧分别绑在硬纸筒的两端，并在一端的圆片中央用剪刀扎一个小孔。

（2）点燃一支蜡烛。

（3）拿起硬纸筒，让小孔靠近并对准烛火。敲击硬纸筒的另一端，发出阵阵响声，没几下烛火真的熄灭了。这是怎么回事呢？

聪明博士的答卷

当一个物体振动时，会使它周围的空气也发生振动。振动的空气把声波传播开去，当声波敲击你的耳膜时，你就听到声音了。在你敲打硬纸筒一端的圆面时，圆面发生振动，你听到的声音就是敲击声。这个振动还

会沿着硬纸筒内的空气传播,把空气从小孔中挤出,从而吹熄蜡烛的火苗。

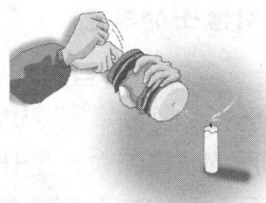

75. 谁在学我

游戏痴迷指数:★★★

小不点的疑团

生活中,每个人都不喜欢别人跟着自己学,因为那样看起来很讨厌。但是有一种情形你是没办法不喜欢的,因为制造者就是你自己。你猜到我说的是什么了吗?

游戏对对碰

假期时,约身边的好朋友一起去野外登山。当你对着对面的高山大喊"我好高兴"时,对面的山上也会传来一声"我好高兴"。这是为什么呢?是谁在学我?

聪明博士的答卷

当我们发出去的声音碰到障碍物时,通常会被弹回来,我们会再次听到这个声音。所以,当你对着对面的高山大喊时,你会听到传来的回声。

这个声音,物理学上称之为回声。在空旷的地方,回声会比较模糊,因为声音的振动向四处散开,能量会消失。而在密封的空间,如隧道里,这个声音则比较明显。

学以致用

当知道了回声的原理后,人们研究出了很多东西来为大家服务。比如:在船上装有回声测深器,把声波送到海里,计算回声传回船上所花的时间,从而测量海床的深度和轮廓以及前方的障碍物等。除了人类外,动物里的蝙蝠也会利用回声准确判断附近物体的位置和大小以及物体是否在移动。这种技术称为回声定位。长耳蝙蝠经常采用回声定位捕捉飞蛾当晚餐。

76. 弹奏音乐的高脚杯

游戏痴迷指数：★★★★

小不点的疑团

坐在宏伟的音乐厅里静静地听着高雅的钢琴演奏真是一种享受，那么，在家里也能听到这样美妙的音乐吗？聪明博士说一点也不难，可我不知道怎么做。

工具潘多拉 7个高脚玻璃杯、滴管、筷子、水

游戏对对碰

利用玻璃杯振动发声的原理，举办一次玻璃杯的演奏会。在7个干净的高脚玻璃杯中加水，水量依次等幅度递增。然后拿筷子敲击玻璃杯沿，7个玻璃杯就能发出音阶不同的声音。你看，能够举办一次玻璃杯演奏鸣会了吧！

聪明博士的答卷

这是一个关于声音振动频率的游戏。声音振动的频率与物质的质量有关。物质的质量越大，发出的声音越低；相反，发出的声音就越高。因此，杯中水最少的那个杯子发出的声音最高，杯中水最多的那个杯子发出的声音最低。适当调节高低音，可以发出悦耳的声音。

第三篇

光的游戏

光就像是人类的宠儿,它绮丽的色彩、变幻的"姿态"博得人们万分喜爱。但是,它也有变脸的时候,一会儿放大,一会儿缩小,一会儿倒立,一会儿又藏起来,真是一个"百变大王"。不过,如果你掌握了足够多的科学知识,对于这些"小儿科"的玩意儿,就不在话下了。

77. 自制照相机

游戏痴迷指数：★★★★

小不点的疑团

你知道照相机的工作原理吗？通过自己动手制作一台简易的照相机，你很快就能了解了。

工具潘多拉 有盖子的鞋盒、毛笔、剪刀、磨砂玻璃、黑色颜料、花瓶、手钻、胶水

游戏对对碰

（1）用毛笔蘸上黑色颜料涂在鞋盒的内部。

（2）在鞋盒的一侧，用剪刀居中剪一个5厘米宽、10厘米长的长方形开口。用一张比开口略大的磨砂玻璃粘在开口上。

（3）在鞋盒另一侧的中间位置，小心地钻一个直径为5毫米的小孔，这个洞的形状要尽可能圆。简易照相机就做好了。

（4）把简易照相机的小孔对准一个花瓶，可以在磨砂玻璃上看到一只倒立的花瓶。

聪明博士的答卷

光是沿直线传播的，影像顶端的光线，直射到了长方形口的底部，而影像底部的光线则直射到长方形口的顶部，所以映射在照相机底片上的物体影像都是倒立的。

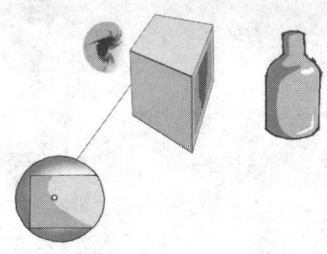

78. 什么颜色的衣服先干

游戏痴迷指数：★★★★

小不点的疑团

我们经常在通风、有阳光的地方晾衣服。可是不同颜色的衣服哪个先干呢？

工具潘多拉 水、白色衣服、黑色衣服、晾衣架

游戏对对碰

（1）分别把相同质地的黑色和白色衣服在水里浸湿。

（2）然后把黑色、白色的衣服晒在有阳光的地方，会发现黑衣服先干了。

聪明博士的答卷

在同样的条件下，不同颜色的

物体对热量的吸收能力是不同的。白色的衣服吸热慢；黑色的衣服吸热快，所以就会先干。

学以致用

1903年，德国南极探险队——高斯号被困在冰块中，人们想尽各种办法希望把船解救出来。其中有人想到了用阳光。他们把黑色的灰与煤由船上洒出去，洒在冰块与冰块的裂痕中，差不多长2米、宽10米的带状环绕在冰上。最终，南极夏季的晴朗天气帮他们把困难轻易地解决了。

79. 小水滴变放大镜

游戏痴迷指数：★★★★

 小不点的疑团

小小的水滴也能有放大镜的功能哦！做个小把戏你就会发现其中的奥秘了。

 工具潘多拉 硬纸片、透明胶带、透明薄膜、小花、手电筒、手钻

游戏对对碰

（1）在硬纸片的中间钻一个小孔，把透明薄膜盖在小孔上。

（2）用胶带把薄膜的四个角固定在硬纸片上。小心地在薄膜上滴几滴水，这样，一个简单的水滴放大镜就制成了。

（3）在硬纸片下面放一朵小花，将硬纸片侧边折一下，与花朵保持一定距离，不要完全覆盖在上面。

（4）打开手电筒，光线对准水滴观察图像（若图像不清，有可能是硬纸片与花朵之间的距离不合适，可作适当调整），你就能发现花朵被放大了。

 聪明博士的答卷

水滴滴在薄膜上，中间厚，四周薄，就形成了一个凸透镜。把这个凸透镜放在书上，因为距离书很近，因而它的物距就会小于它的焦距。根据凸透镜成像原理，此时就会在同侧呈放大的正立的虚像。因而，我们用这个凸透镜来看书本上的字时，这个凸透镜就像一个放大镜一样，将书上的字放大了。

80. 汤匙做的凸面镜

游戏痴迷指数：★★★★

小不点的疑团

平常，我们从凸面镜中看到的物体总是变了形的。你知道能用什么办法将变了形的物体还原吗？

工具潘多拉 汤匙、2张白纸、画笔

游戏对对碰

（1）在纸上画一座小房子，把汤匙放在画前，发现从汤匙的凹面中看到的小房子走了样。

（2）在另一张纸上尽可能准确地把那个走样了的房子画下来。

（3）把新画的图放在汤匙凸面的前方，向汤匙望去就会发现走样的房子又被矫正过来了（如果还有些变形，可以前后移动你的汤匙，直到形状正常）。这是为什么呢？

聪明博士的答卷

物体发出的光线在凸面镜上发生散射，在镜子的后面会聚成一个虚像，这个像比实物小，看上去好像是被压缩了一样。当你把一个平面镜向后弯曲的时候，镜中的像也跟着被压缩了；镜面弯曲得越厉害，像就被压缩得越小，这样，从凸面镜中能观察到的范围也就越大。

学以致用

对汽车比较熟悉的人都会发现，司机用的后视镜都是用凸面镜做成的，这样观看到的范围加大，而从镜子中看到的东西不会过分走样，有利于安全驾驶。

81. 自制彩虹

游戏痴迷指数：★★★★

小不点的疑团

彩虹也能自己制作吗？如果是这样的话，我们就可以天天见到彩虹了。真的这样吗？

工具潘多拉 黑色卡片、剪刀、镜子、橡皮泥、白色卡片、手电筒、碗

游戏对对碰

（1）在黑色卡片上方剪一条水平的细缝，折起卡片的底部，使卡片能立起来。

（2）在碗里倒入半碗水。将镜子倾斜45°放在碗里，使之一半在水下，一半在水上，用橡皮泥固定住。

（3）把黑色卡片立起来，细缝正对着镜子，并将白色卡片放在它前面。

（4）让手电筒的光透过细缝照在镜子上。调整光柱、碗和白色卡片的相对位置，直到你能在白色卡片上看到彩虹。

 聪明博士的答卷

镜子与水构成的三角形形成了一个棱镜。当光线通过棱镜时，每种颜色的光会以不同的速度传播，也会弯曲成不同的角度。白光被切分为一个光谱，所以就能够看到反射在白色卡片上的彩虹了。

除了上面这种方法以外，再推荐一种方法。在晴朗的天气里，用喷雾器喷出水雾，迎着太阳的方向，你将会看见美丽的彩虹。

82. 天空为什么那么蓝

游戏痴迷指数：★★

 小不点的疑团

晴朗的天气，万里无云，天空真蓝呀！可是天空为什么这样蓝呀？

 工具潘多拉 玻璃杯、牛奶少许、滴管、玻璃棒、手电筒、黑纸

 游戏对对碰

（1）在玻璃杯里注大半杯水，用滴管滴一滴牛奶，并用玻璃棒将加入牛奶的水搅匀。

（2）在黑纸上挖一个孔，拿一只手电筒，用黑纸遮住手电筒的玻璃，使手电筒的光从小孔中射出。

（3）将黑纸和手电筒紧贴在玻璃杯的侧面，打开开关。从杯子的另一个侧面看，也就是从光线垂直的方向进行观察，会发现乳白色的溶液变成一片浅蓝色。好神奇啊！

 聪明博士的答卷

空气中有许多微粒无规则地散射着太阳光，牛奶中有许多微粒在散射着手电筒的光。而且频率越高的光线，被散射得越厉害。红光的频率较低，蓝光的频率较高。因此，杯中的

液体会变成浅蓝色,天空是蓝色的也是同样的道理。

83. 自制幻灯机

游戏痴迷指数:★★★★

小不点的疑团

你知道幻灯片是如何放大影像和文字的吗?还是让我们动手研究其中的奥妙吧!

工具潘多拉 透明的描画纸、放大镜、手电筒、桌子、透明胶带、幻灯片、直尺

游戏对对碰

(1)先用透明的描画纸包在手电筒的前面,用胶带纸粘好。把幻灯片放在透明描画纸外面,也用胶带粘好。

(2)将放大镜垂直固定在桌子的一端,将手电筒朝向放大镜固定在桌子的另一端,幻灯机就算是制作成功了。

(3)关闭室内的光源,将带有放大镜的一端摆放在一面白墙对面,打开手电筒,就可以在白墙上看到被放大的幻灯片影像了。调整幻灯机的距离,在幻灯机外适当的距离,放上一把直尺,不停地上下摆动直尺,就会产生一系列的轮廓,宛如电影的效果。

聪明博士的答卷

这个幻灯机是根据凸透镜成像的原理而设置的。我们打开手电筒后,光照到了幻灯片上,接着又照到了放大镜上,之后放大镜在白墙上放大投射出幻灯片的影像。

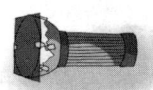

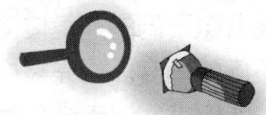

84. 鱼缸里的泡泡

游戏痴迷指数:★★★★

小不点的疑团

刚刚买回来的一缸金鱼怎么老是冒泡?难道水有问题吗?

工具潘多拉 鱼缸、两三条金鱼、几束水草

游戏对对碰

（1）先把金鱼放在鱼缸里，然后注入适量的水。

（2）把水草放入鱼缸，然后把鱼缸搬到有阳光照射的地方。

（3）过1小时后，发现鱼缸里总是冒泡。

（4）把水草拿掉，再放1小时后，发现鱼缸里已经没有泡泡了。难道问题在水草身上？

 聪明博士的答卷

是的，问题就在水草身上。

无论是小河里的水草，还是家中鱼缸里的水草，它们总是会时常冒出些泡泡。原来，在阳光照射下，水草要进行光合作用，吸进二氧化碳和水，放出氧气。所以，我们看到的那些小泡泡，其实就是水草放出的氧气，而不是水有问题。

85. 揉皱的"镜子"

游戏痴迷指数：★★★

 小不点的疑团

能完整映照出影像的东西，我们都称之为镜子，可有些"镜子"并不能时刻都映照出影像。这是怎么回事呢？

工具潘多拉 一张平整的铝箔（可以取香烟盒中的包装纸，记住一定要平整的）

 游戏对对碰

（1）仔细观察铝箔的正面，你会发现它闪闪发光，非常明亮。用铝箔的正面照一照你的脸，可以看到平整的铝箔就像镜子一样，很清晰地映出了你的头像。

（2）把铝箔揉成一团，然后展平。再照一照你的脸，你就会发现头像不见了。为什么平整的铝箔可以做镜子，而揉皱的就不行呢？

 聪明博士的答卷

这是因为当光线投射到一个光滑平整的平面上时，这个平面会以同样的角度将光线反射回来。没有揉皱的铝箔就是这样一个光滑平整的平面，头部投射到铝箔上的光线会原路返回，因而在铝箔上能够比较清楚地看到镜像。然而，揉皱的铝箔会向不同的方向反射光线，此时的铝箔上则无法形成一个完整的镜像。

86. 消失的硬币

游戏痴迷指数：★★★★

小不点的疑团

这是一个很有趣的游戏。不同的做法得出不同的答案，乍一看好像是有人在耍魔术，到底是怎么回事呢？

工具潘多拉 硬币、一个杯口比底大的玻璃杯

游戏对对碰

（1）将玻璃杯压在硬币上，我们可以从杯子的侧面看到硬币。

（2）在玻璃杯里盛满水，再从杯子的侧面看去，我们会发现，硬币不见了。但从杯口向下望的时候，硬币还好好地放在那里。

（3）给玻璃杯底与硬币周围沾满水，再来做这个实验，你会发现这个魔术不灵了。透过玻璃杯的侧壁，总能看到一个闪亮的硬币。这是为什么呢？

聪明博士的答卷

光从空气经玻璃杯底进入水里的时候会发生折射，使得大部分光线以很大的入射角射向杯子的侧壁。而一部分反射的光线又折回水中，从杯口射出，因此从杯子的侧面看不到硬币。

当杯底和硬币之间沾有水以后，硬币射出的光线从水中穿过杯底再进入杯子里的水中。这时杯底可以看成是一块平板玻璃，光线通过它的时候方向不变。硬币射出的光线到达杯子的侧壁时，一部分光线入射角并不很大，不能满足全反射条件，这些光线从侧壁上透射出来使你能看到杯底下的硬币。

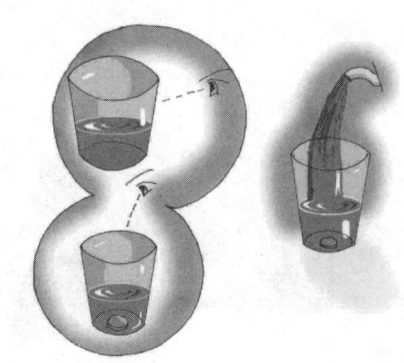

87. 倒立的图像

游戏痴迷指数：★★★★

小不点的疑团

有时候我们的眼睛会说谎，明明窗外是正立的风景，通过小孔怎么会变成倒立的呢？

工具潘多拉 鞋盒、一张透明空白的描图纸、透明胶带、手钻

游戏对对碰

（1）把鞋盒的盖子去掉，用胶带将描图纸绷在鞋盒空的那一面，尽量保持平整。

（2）在描图纸的对面纸板上开一个小圆孔，把小孔一面朝向阳光下的景物，适当移动鞋盒的位置，直到描图纸上出现清晰的影像为止，而这个影像是倒立的。

聪明博士的答卷

这是因为光沿直线传播的缘故。光源发出的光是向四面八方传播的，它的各个发光点发出的光束中，都只有一束光线能直线进入小孔(其余的光束被鞋盒挡住了)，景物上部的光线穿过小孔直线到达描图纸的下端，而景物下部的光线穿过小孔直线到达描图纸的上端，致使景物的光线经过小孔到达描图纸的时候，上下光线出现交叉，我们从描图纸上观看到的，就成了上下颠倒的影像。

88. 让光线转弯的绝妙办法

游戏痴迷指数：★★★★

小不点的疑团

光线都是沿着直线传播的，你有办法让光线转弯吗？

工具潘多拉 盒子、毛笔、不反光的黑色颜料、塑料管、橡皮泥、手电筒、手钻

游戏对对碰

（1）用毛笔蘸上黑色颜料，把盒子的内外壁全部涂黑。

（2）等颜料自然干燥后，在盒子的一侧钻一个小洞，然后插入一段塑料管。

（3）把塑料管的一端留在外边

一小截。如果这个洞没有完全堵住，可以在周围堵上橡皮泥，或使用其他方法不让光线入洞。

（4）找一间屋子，拉上窗帘并关上电灯。

（5）打开手电筒，从外面的管子向盒子里面照射，你就可以看到光线顺着弯曲的管子在发光。这是怎么回事呢？

聪明博士的答卷

这是利用了光线的全反射现象。光线从一种透明物质入射到另一种透明物质的过程中，一部分光线会发生折射，而另一部分光线会发生反射。入射角越大，折射角也越大。在这种情况下，折射角总是大于入射角，也就是说，当入射角到达一个角度的时候折射角已经大于90°了，也就不再发生折射，所有的光线会全部反射。在这个游戏中，光线就是以这样的原理在管子中传播，而不会射向空气。光线就随着弯管转弯了。

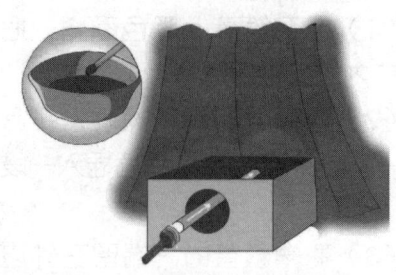

89. 引爆气球

游戏痴迷指数：★★★★

小不点的疑团

想引爆一个气球很容易，用一根针就可以，但是用放大镜引爆气球你试过吗？

工具潘多拉 放大镜、气球、细线

游戏对对碰

（1）吹起一个气球，用细线把它扎好，缠在有阳光的小草上。

（2）用放大镜迎着太阳，把阳光聚焦到气球上，过一会儿气球就会自己爆炸。

聪明博士的答卷

气球引爆的原因其实很简单，就是利用了放大镜聚焦的原理。阳光照在放大镜上，经放大镜的折射就会形成一个焦点，使焦点正好落在气球上。焦点的温度很高，时间长了，气球温度就会越升越高，当达到燃点时，气球就会被烧穿引爆。不过做这个游戏一定要注意安全，不要离气球太近。

90. 流动的光

游戏痴迷指数: ★★★★

小不点的疑团

聪明博士说光除了能被直射和反射外,还会像水一样流动,真是不可思议!这究竟是怎么回事呢?

工具潘多拉 透明的矿泉水瓶、手钻、手电筒、厚卡纸、不透水封条

游戏对对碰

(1)用手钻在矿泉水瓶的瓶盖上钻一个大洞,在瓶底上也钻出一个洞。

(2)将瓶底的洞暂时封住,然后向矿泉水瓶中灌满水,拧紧瓶盖。这时,如果你打开手电筒,照射矿泉水瓶的底部,就会看到光线可以钻过瓶子。

(3)用厚卡纸把矿泉水瓶与手电筒卷在一起,到一间黑暗的屋子里。去掉瓶底的封条,倾斜瓶子,水会从矿泉水瓶中流出来。这时再打开手电筒,你会看到光线和水一起流淌而出,不会照射到其他地方去。用手指搅动流出的水,光线也会随水流的弯曲而改变形状。

聪明博士的答卷

我们知道光线是沿着直线传播的,但在这个游戏里,为什么光线可以任意地改变形状,甚至像水一样流淌呢?原来射入水中的光线在到达水流与空气交界的地方时,就会被反射回来。因此,光线就会在水流中不停的反射,而不会跑到空气中。在我们的眼睛看来,就好像光线随着水流做随意的曲线运动了。

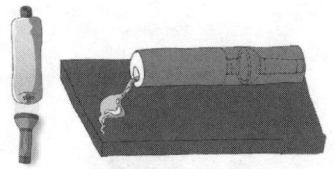

91. 穿透毛玻璃的目光

游戏痴迷指数: ★★★★

小不点的疑团

你知道如何穿透毛玻璃观察里面的情景?

工具潘多拉 毛玻璃、透明胶条

游戏对对碰

(1)把一段透明的胶条贴在毛玻璃上。

(2)用手指甲把它抹平,这个地方就变得透明了。

聪明博士的答卷

用氢氟酸腐蚀并用金刚砂打磨

的粗糙的玻璃表面,会把射来的光线向四方散射出去,所以只能看到玻璃后面模糊不清的影像。胶条把不平坦的玻璃表面填平,这样,光线就可以像通过透明的玻璃一样平行射入,在眼睛的虹膜上也会形成清晰的影像了。所以你可以很清楚地看到毛玻璃后面的图像。

92. "燕子"和你捉迷藏

游戏痴迷指数:★★★★

小不点的疑团

燕子是大自然的益鸟,它的敏捷与可爱深得人们的喜爱。但是它却喜欢和人们捉迷藏,不信就看下面这个游戏吧!

工具潘多拉 彩色铅笔、胶水、托盘、白纸、水壶、桌子

游戏对对碰

(1)用彩色铅笔在纸上画一只小燕子,然后用胶水把这只小燕子粘在托盘里。等到胶水干了以后,把托盘放在桌子上。

(2)现在向后退,直到看不见托盘中的小燕子为止。

(3)请你的朋友用水壶慢慢地向托盘中注水。你会发现,随着托盘中水位的升高,小燕子好像也慢慢长高了,你又能看见它了。事实上,无论是盘中的小燕子还是你自己,都没有移动过。

聪明博士的答卷

没有注水前,你看不到小燕子,是因为视角的关系。反射光线的反射角还不够大,小燕子所反射的光线被托盘挡住了,不能进入你的视线中。而加水之后,光线就要经过空气和水两种物质,会发生折射现象,而产生偏离。也就是说,当光线从水中斜射到空气表面时,折射光偏离了原来的路线,折射角大于入射角。于是,光线就会避开托盘,有机会进入你的眼睛,这样你就能看到小燕子了。

93. 自动转向的箭头

游戏痴迷指数：★★★★

 小不点的疑团

箭头怎么会自动转向呢？不会是眼睛的幻觉吧！一起来跟着聪明博士看看究竟是怎么回事。

工具潘多拉 白纸、彩色笔、玻璃杯、水

 游戏对对碰

（1）用彩色笔在白纸上画一个向右的粗箭头。

（2）在玻璃杯中倒入半杯水，然后把画好的纸片放在玻璃杯的后面，仔细观察发现箭头指向了左边。这是为什么呢？

 聪明博士的答卷

箭头之所以会改变是因为玻璃杯和水起了一定作用。它们就像是凸透镜，光线经过折射后，除了经过光心的光线不改变方向外，其他方向的光线都会改变方向。因此，我们看到的箭头就变成了相反的方向。

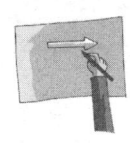

94. 纸亮还是镜子亮

游戏痴迷指数：★★★★

 小不点的疑团

在一间黑屋子里，用手电筒照射一面镜子和一张白纸。你想，是镜子亮还是白纸亮？不要忙着下结论，先来观察一下吧！

工具潘多拉 镜子、白纸、手电筒

 游戏对对碰

（1）用手电筒照射白纸，发现白纸看得很清楚。

（2）用手电筒照射镜子，发现镜子看起来一片漆黑。这是什么缘故呢？

 聪明博士的答卷

原来，光滑的镜子能规则地反射光线，一束光线遇到镜面以后，虽然改变了前进的方向，但它们在新的运动方向上仍然是整齐前进的。如果你的眼睛不在这个方向上，镜子的反射光就一点也不会进入你的眼睛，所以镜面看上去是黑的。只有把镜面转到某一个角度，使它反射的光正好进入你的眼睛的时候，你才能看到耀眼的光芒。 当一束光线照射在白纸

上，虽然对每一束光线来说，光的反射定律都是适用的，但由于纸的表面凹凸不平，光束就被反射到许多不同的方向，这就叫做漫反射。

学以致用

借助漫反射光线，我们可以在其他方向上看见被照亮的物体，观察它们的颜色和细节，并且把这些物体和周围其他物体区别开来。

95. 变色的小球

游戏痴迷指数：★★★★

 小不点的疑团

你见过会变色的小球吗？我也没见过，现在我们就请聪明博士给大家演示一下吧！

工具潘多拉 红、绿、蓝3种颜色的小球各一个，无盖的盒子，一块红色透明玻璃，一块蓝色透明玻璃，一块绿色透明玻璃

 游戏对对碰

（1）把红、绿、蓝3种颜色的小球放在一个无盖的盒子里。

（2）拿一块红色透明玻璃盖在盒子上，发现红色小球变成了白色，而绿、蓝两种颜色的小球变成了黑色。

（3）拿掉红色透明玻璃，换上蓝色透明玻璃，会发现蓝色小球变成了白色，而红、绿两种颜色的小球变成了黑色。

（4）拿掉蓝色透明玻璃，换上绿色透明玻璃，绿色小球变成了白色，红、蓝两种颜色的小球变成了黑色。

（5）把3种颜色的玻璃叠在一起放在盒子上，3个小球都变成了白色。

（6）拿掉3块玻璃，红、蓝、绿3种颜色的小球又都出现了，它们都恢复了原来的本色。

 聪明博士的答卷

当白光投射到红色玻璃上时，玻璃透过光谱中的一部分红光，而吸收了其他的光。所以透过红色玻璃看到的是红光。当红色光线投射到红色小球上时，大部分光线被反射出来，看上去像是白色的。当红色光投射到蓝色和绿色小球上时，几乎没有光被反射出来，所有的光都被吸收了，因

而小球看上去是黑色的。其他玻璃使小球的颜色改变是同样的道理。现在你明白了吧！

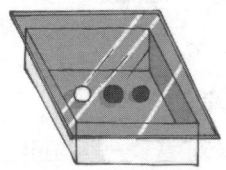

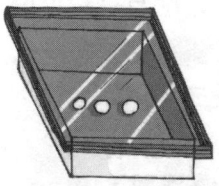

96. 水中的放大镜

游戏痴迷指数：★★★

小不点的疑团

我们知道，放大镜可以帮我们放大物体。那么，放大镜在水里还有放大的作用吗？

工具潘多拉 放大镜、装了水的玻璃缸、小刀

游戏对对碰

（1）把小刀放在水盒里。

（2）将放大镜放在水中观察小刀，看有没有被放大。难道放大镜不会放大了？

聪明博士的答卷

原来，放大镜的原理取决于玻璃的曲率和光在空气与玻璃中传播的速度差。而水和玻璃中的光速差没有空气和玻璃中的大，所以放大镜在水中不能有效地放大图像。

97. 光的影子

游戏痴迷指数：★★

小不点的疑团

看到这个题目，大家都会觉得很奇怪：光也有影子吗？呵呵，暂时不告诉你。等你自己做完这个实验以后，你就能明白是怎么一回事了！

工具潘多拉 陶瓷杯、透明纸、装满水的玻璃杯、透明玻璃、一间白色墙壁的屋子、手电筒

游戏对对碰

（1）把陶瓷杯、透明纸、玻璃

杯和透明玻璃依次并排正对着墙壁。

（2）把屋子里的灯关上并拉上窗帘，使屋子里没有光线。

（3）打开手电筒，让它的光对准墙壁照过去。你会发现陶瓷杯后面的墙上出现了一团阴影，光被阻挡而完全消失了。而玻璃杯、玻璃和透明纸背后的墙上则有淡淡的影子，只是深浅不同。这是为什么呢？

 聪明博士的答卷

任何物质都会阻碍光的传播，光线直射在上面会被反弹回来。陶瓷最紧密，因而光不能穿透。所以，当光照在陶瓷杯上时，杯子的后面没有光线，只呈现出一团阴影。而光是能够穿透玻璃、透明纸等物质的，不过在穿过这些物质时，光会失去一部分光能，从而使得光能减少，亮度变小。因此，光照在玻璃杯、玻璃和透明纸上时，墙面上呈现出淡淡的影子。但影子的深浅不同，透明纸的影子最深，玻璃最浅。这是因为纸对光线的阻碍相对较大，透明玻璃最小，而装水玻璃杯居于两者之间。

98. 听话的电视机

游戏痴迷指数：★★

 小不点的疑团

你可以对着镜子中的电视机发号施令，镜子中的电视也很听话哦！邀几个好朋友一起来玩吧！

工具潘多拉 电视机、电视机遥控器、镜子

 游戏对对碰

（1）站到放电视机的屋子外面，让一个朋友拿着镜子，调好角度，使你能从镜子中看到电视机。

（2）把遥控器对准镜子中的电视机，按下遥控器，电视机将乖乖地听从你的指令！是不是很好玩呀！但这是怎么回事呢？

 聪明博士的答卷

电视机的遥控器之所以能遥控，是因为它是由红外线控制的，它可以发射出人的眼睛看不见的红外线。你在镜子中看到的放在屋里的电视机，是因为电视机发射出的光线被镜子反射进你的眼睛。这时你用遥控器对准镜子发号施令，红外线的光束被镜子反射后，其红外线信号也会被

电视机的光探测器捕捉到,这样电视就会乖乖地听话了。

99. 凹面镜里的颠倒世界

游戏痴迷指数:★★★

小不点的疑团

小孔成像的游戏,我们接触得不少。而倒立影像游戏我们却很少见,一起来看看吧!

工具潘多拉 凹面镜、大卡纸、桌子

游戏对对碰

(1)在窗户边的桌子上放一面凹面镜,让镜面对着窗户。

(2)把卡纸放在凹面镜的斜对面(可以选取几本书或支架使卡纸立起来),调整凹面镜与卡纸的位置,我们将在卡纸上看到那扇窗户清晰倒立的影像。这是为什么呢?

聪明博士的答卷

光线落在凹面镜上发生反射,由于凹面镜不能像平面镜那样呈现水平面,因此所有的反射光线组成的影像与入射光线的景象刚好相反,落在卡纸上就形成颠倒的影像。

学以致用

利用这个原理,人们制成了大型的反射式天文望远镜。世界上最大的反射式天文望远镜拥有直径长达6米的凹面镜,能把遥远的星体所发出的微弱光芒汇聚成比较亮的影像,用照相底板加以捕捉。人们甚至能得到距地球100亿光年外的恒星影像。

100. 魔法镜

游戏痴迷指数:★★★

小不点的疑团

你想知道如何把一支蜡烛变成无穷支吗?哈哈,还是跟随聪明博士一起来吧!

工具潘多拉 镜子、橡皮泥、小刀、蜡烛、火柴

游戏对对碰

（1）用小刀将一面镜子背面的水银刮出一个直径2厘米左右的圆圈，作为观察孔。

（2）用橡皮泥将两面镜子垂直固定于桌面上，镜面相对并平行，间距为10厘米左右（确保两面镜子平行是关键）。

（3）用火柴点燃蜡烛，然后把蜡烛放在两面镜子之间。

（4）通过观察孔仔细观察，发现蜡烛的影像在两面镜子里被反复投射了无数次，并出现无数支蜡烛。明明是一支蜡烛，怎么会在镜子里看到那么多的蜡烛呢？

 聪明博士的答卷

镜子能反射光线，也就是说光线遇到镜面就会被原路反射回去。因此，两面平行的镜子之间的蜡烛的像，就在镜子之间被反射来反射去，无穷无尽，这样你看到的就是无数支蜡烛。但是，如果镜子不是平行的，而是有一定角度，就不能确保你看到的是无穷无尽的蜡烛了。

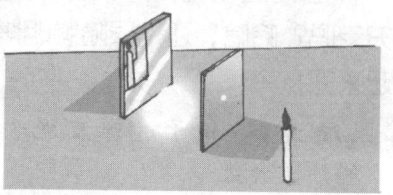

101. 羽毛中的光谱

游戏痴迷指数：★★★

 小不点的疑团

你见过光谱吗？这个游戏让你如愿以偿，来动手做吧！

工具潘多拉 一根大鸟的羽毛、蜡烛、火柴

 游戏对对碰

（1）在一间暗室中点燃一支蜡烛（保证室内没有光线）。

（2）将羽毛紧贴着眼睛，去看1米远的点燃的蜡烛。

（3）在你眼前出现的，是排列成"X"形状的多个火苗。

 聪明博士的答卷

这个现象，是通过缝隙中的所谓"衍射"形成的。在均匀排列的羽毛组成的缝隙之间，存在着边缘间隙。光线通过这里时被"折断"，即被引开，并把光谱中的颜色分解。由于你是通过多条缝隙观看的，所以在你眼前出现了多个火苗。

102. 自制万花筒

游戏痴迷指数：★★★★

小不点的疑团

小时候玩过的万花筒一直记忆犹新，博士，你能教我做一个万花筒吗？

工具潘多拉 3面大小一致的方形镜子、万能胶、硬纸片、剪刀、三角形的透明塑料袋、彩色小纸屑、透明描图纸

游戏对对碰

（1）用万能胶把3面镜子组成上下中空的三棱柱，镜面朝里。

（2）用剪刀在硬纸片的中央剪一个小孔，然后将硬纸片贴在三棱柱一端封上。

（3）将透明塑料剪成三角形，大小与三棱柱底部三角形面积一致。将准备好的彩色小纸屑放到透明塑料上，蒙上一片透明描图纸，封好封口。

（4）将装有彩纸的透明塑料安装在三棱柱的另一个端口，注意让描图纸一面朝外。这样一个万花筒就算大功告成了。对着光线，透过小孔，慢慢转动万花筒，镜片不断反射出图案，观看里面非常漂亮的图案。摇一摇，再看，又是另外一幅漂亮的图案，真是妙不可言！

聪明博士的答卷

根据镜子的成像原理，把万花筒的底部朝向明亮处的时候，光线就会从半透明的描图纸透过去，照在彩色的碎纸片上。透明塑料中的彩色纸屑被三角形的镜子反射形成影像，3面镜子互相反射，能第二次成像，这些图案规则对称。每一次转动万花筒，彩纸在透明塑料中的排列就不一样，所以在镜子中反复形成的图案也不一样，美不胜收。

103. 神奇的圆盘

游戏痴迷指数：★★★★

小不点的疑团

一个黑白的圆盘，在加速转动之后我们的眼睛竟然看到了红色和蓝色。是我们的眼睛骗了我们，还是其他什么原因？

工具潘多拉 白纸、硬纸板、彩笔、剪刀、带橡皮头的铅笔、大头针、胶水

游戏对对碰

（1）用剪刀在白纸上剪下一个直径为10厘米的圆形，将其一半涂成黑色，而白色的另一半分为四等分。在每一部分上画不相连的三条宽度为2厘米的圆弧线。

（2）用剪刀将硬纸板剪出一样大小的圆形，衬在白纸圆的下面，用胶水粘牢，并用大头针从上而下插下去。

（3）将穿过圆心的大头针固定在铅笔的橡皮头上，这样一个圆盘就做好了。

（4）用手掌旋转铅笔，圆盘跟着旋转，当速度较快的时候，我们看到白纸上的弧线仿佛连接在一起成为圆环。而当速度逐渐变慢的时候，又发现圆盘上好像出现了红色和蓝色的两个圆环。这是什么原因呢？

 聪明博士的答卷

虽然圆盘的白色部分分成四等分并画上了不相连的圆弧线，但由于视觉的残留效应，前一段圆弧消失的时候，眼睛在短时间内感觉还能看见它，并与接踵而至的第二段圆弧连接在一起，这就是我们看到圆弧线连成圆环的原因。

而出现彩色的圆环，则是因为我们的眼睛只能记住色谱中波长较短的蓝光和波长最长的红光。最短的紫光因为太弱而很难被记住，这样我们仿佛就看到了蓝色和红色的圆环。

104. 变色陀螺

游戏痴迷指数：★★★★

 小不点的疑团

你会变魔术吗？这个游戏让彩色的陀螺变成单色，是不是很奇妙，开始动手吧！

工具潘多拉 白纸板、彩笔、铅笔、剪刀

 游戏对对碰

（1）把白纸板剪成一个直径为10厘米的圆盘，用彩笔按太阳光谱画出鲜艳的色彩。

（2）把圆盘贴在用纸板做的半截线轴上，中间插入半截铅笔，让它旋转。

（3）这时你会发现，陀螺像中了魔法一样，所有的色彩均消失不见了，整个圆盘变成了灰白色。（明明

做的是彩色的，为什么我们看到的却是灰白色的呢？）

 聪明博士的答卷

原来，圆盘上的色彩和太阳光谱一致。圆盘旋转时，我们的眼睛在瞬间分别接受了各种色彩。但由于眼睛的视觉残留效应，不可能跟上如此飞速变化的色彩，所以向大脑传递的信息，就是白色或浅灰色的。

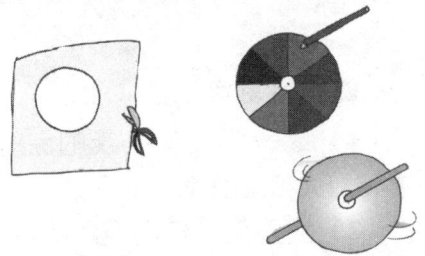

105. 神奇的放大

游戏痴迷指数：★★★★

 小不点的疑团

放大镜在我们的生活中经常见到，可我们能不能自己做一个简易的放大镜呢？

工具潘多拉 黑色纸板、大头针、报纸

 游戏对对碰

（1）用大头针在黑色的纸板上刺一个孔，紧靠在眼睛上进行观察。

（2）拿一张报纸放在前面，上面的字迹就会被放大且更加清晰。这是怎么回事？

 聪明博士的答卷

这一现象的原理首先来自于光线的所谓"衍射"。进入小孔的光线被拉长，所以报纸上的文字被放大。

106. 偶镜游戏

游戏痴迷指数：★★★

 小不点的疑团

喜欢照镜子的人都知道，从镜子中看到的字都是反向的。但是，这里有一个方法可以让你在镜子中看到正向字体。想知道怎么做吗？

工具潘多拉 两面长方形的小镜子、胶布（或牛皮纸）、桌子、报纸（也可以用闹钟）

游戏对对碰

（1）两面镜子并齐，用胶布从镜子的背后把它们粘好，像书一样能自由的开合。粘的时候要在两面镜子中间留一点缝隙。这种镜子叫偶镜。

（2）把两面镜子立在桌子上，让它们像两堵墙一样相互垂直。

（3）将报纸放在偶镜前，观察镜中的字。你会发现，镜中的字变成正向的了。

（4）用偶镜来照一下你自己，你会看到，两面镜子各照出你半个面孔，偶镜的中线恰好在整个脸庞的中间。为什么从偶镜中看到的影像不是反向的，而是和实物一样的呢？

 聪明博士的答卷

原来你从偶镜中看到的影像是经过两面镜子先后反射所形成的。每面镜子都把影像颠倒一次，经过两次反射，影像也被颠倒两次，就变得和原来一样了。

107. 奇怪的变色游戏

游戏痴迷指数：★★★★

 小不点的疑团

聪明博士说纸张也可以变魔术，能够让你的脸一半变黑一半变白哦！我还真有点不敢相信。

工具潘多拉 白纸、黑纸、手电筒、镜子

 游戏对对碰

（1）找一个没有光线的房间，关上电灯、拉上窗帘。

（2）坐到镜子前面，然后打开手电筒，并把手电筒放在脸的左边，让光照在你的鼻子上。

（3）把黑纸放在脸的右边，正对着手电筒的光，可以看到镜子中你脸的右边几乎一片漆黑。

（4）再把白纸放在脸的右边，从镜子中可以看到你脸的右边好白呀！你的脸怎么会改变颜色呢？好奇怪。

 聪明博士的答卷

原来白纸能够反射光线。也就是说，当手电筒的光照过来时，它把光重新反射到了你的脸上，照亮了

你靠近白纸的脸。而黑纸几乎不反射光线，还会吸收大部分的光。当手电筒的光照到你的鼻子上之后，被你的鼻子反弹回来。而照在黑纸上的光又无法把光线反射回来。所以，除了鼻子和脸的左侧，你脸的右侧是一片漆黑。

108. 天花板上的星星

游戏痴迷指数：★★★

 小不点的疑团

云朵比较多的晚上，通常都看不到星星。这里有一个办法让你不出房间，就能看到星星。

工具潘多拉 鞋盒、手电筒、钉子或剪刀

 游戏对对碰

（1）先将鞋盒的盖子取下，用钉子在盖子上打孔，小孔排列成你喜欢的星座图案。

（2）在盒底挖出一个孔洞，孔洞的大小与手电筒的大小相似，能让手电筒从里面钻出来又不至于掉下。孔洞的位置最好与星座图案的位置相对应。

（3）将手电筒从鞋盒里钻出来，然后盖上鞋盒盖子，关掉房间的灯，打开手电筒，将盖子对着天花板，是不是出现了星光闪闪的星空了？

 聪明博士的答卷

其原理很简单，因为光在同种均匀介质中是直线传播的，如雾天，因为光线的这个特质，我们能观察到汽车大灯照出的光线是直的。所以游戏中的光线能通过小孔将光笔直投射到天花板上。

开动你的脑筋，就可以投射出更多更有趣的图案，你可以在墙壁上投射自己的轮廓或名字。如果用多种工具，图案还能重叠变化，奇妙无穷。

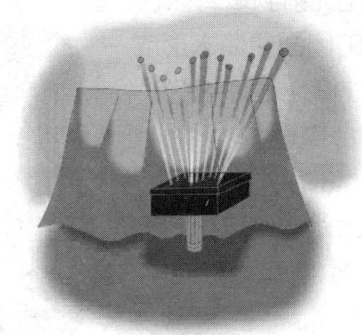

109. 玻璃杯变放大镜

游戏痴迷指数：★★★★

小不点的疑团

玻璃和放大镜是两个不相干的物体，怎么可以变呢？难道有什么秘诀？

工具潘多拉 玻璃杯、报纸、水

游戏对对碰

在玻璃杯里装好水，左手拿起报纸，右手端起水杯，透过玻璃杯中的水看着报纸上的字，你会发现报纸上的字比以前大了，这是为什么？

聪明博士的答卷

这是由光的折射引起的。光线从物体上反射回来进入玻璃或水之后，会发生折射。玻璃的表面不一样，折射出来的光线就有不同的角度，看起来物体也会有不同的变化。当太阳光射到玻璃杯后，玻璃杯的侧面便使水形成一个弯曲的表面，就像一个中间厚边缘薄的放大镜，因此透过玻璃杯看字就比原来的大了。

110. 彩色的影子

游戏痴迷指数：★★★★

小不点的疑团

在一般情况下，物体的影子都是黑色或深灰色的，不可能出现彩色的影子。但下面这个影子游戏却真能让你看到彩色的影子！

工具潘多拉 40瓦白炽灯、对开的白纸、8瓦日光台灯、铅笔、红色玻璃纸

游戏对对碰

（1）晚上先在房间内点亮白炽灯，然后在灯下的桌子上铺一张白纸，在白纸边上放一只8瓦日光台灯，使台灯距白纸20～25厘米，白炽灯距白纸约1.5米。

（2）将铅笔放在日光台灯前距白纸3～5厘米处，铅笔与日光台灯灯管平行。在两种白光照射下，我们看到铅笔的影子是黑色的。

（3）关闭日光台灯，取几张红色玻璃纸将灯管全部包起来。再接通电源，关闭白炽灯，在红光的照射下，铅笔在白纸上仍显示出黑色影子。

（4）打开白炽灯的电源开关，当白光照射到铅笔的影子时，你将会发现原来黑色的铅笔影子竟然变成了

绿色。为什么原来黑色的影子会变成彩色的呢？

聪明博士的答卷

在红光照射下，人眼睛中的锥体细胞对红色光会感到疲劳，显著降低分辨红色光的能力；同时对绿色光显得特别敏感，因此当我们注视红光照射下的铅笔影子时，在白光的大环境下，头脑中会感觉铅笔的影子是绿色的，这仅是一种仅存在于大脑中的颜色意识，并且这种颜色一定为红色光的互补色——绿色光。同样，蓝色光的互补色是黄色光。

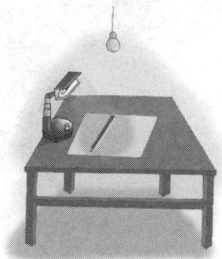

111. 春天的脚步为什么有快有慢

游戏痴迷指数：★★★

小不点的疑团

哎！冬天太冷了，春天怎么来得这么慢？

工具潘多拉 一杯深色土、一杯浅色沙、玻璃盘、2支温度计、台灯、铅笔、纸

游戏对对碰

（1）把玻璃盘放在台灯旁边。盘子的一半装着深色的土，另一半装着浅色的沙。

（2）在土和沙上各插一支温度计，在纸上记下两边的温度。

（3）打开台灯，让灯光照射盘子半个小时，然后比较两支温度计上的温度，结果发现深色的土比浅色的沙温度高许多。

聪明博士的答卷

深色的物体对光及热的吸收力强于浅色的物体。因此，在同样的光的照射下，对光反射力较强的浅色沙温度会低一些。太阳光照射在地球上，会有同样的效果。土壤为深色的地区吸收热量多，很快就温暖起来；土壤为浅色的地区则更多地把光反射出去，温度升得较慢。所以，春天的脚步总是有快有慢。

112. "魔术"水

游戏痴迷指数：★★

小不点的疑团

什么水才称得上是"魔术"水呢？是能变出金鱼的水？还是能变出天鹅的水？

工具潘多拉 玻璃杯、红墨水、滴管、台灯、水

游戏对对碰

（1）往玻璃杯里倒1/3的水，用滴管吸少许红墨水放入杯中。举起杯子朝向台灯，透过杯子看去，水的确是粉红色的。

（2）当你把玻璃杯移开灯光后，水的颜色变成了绿色。这是怎么回事呢？真是在玩魔术，还是我的幻觉？

聪明博士的答卷

这既不是魔术，也不是幻觉，而是科学。

当第一次我们看到粉红色时，是透射光，而第二次我们看到的绿色，则是光线从玻璃杯中反射出来的光。

第四篇

气压的游戏

　　大自然中，有一种每个人都需要却又看不见的东西，那就是空气。空气是一个"调皮"的家伙，它能使出各种花样来捉弄你，让你哭笑不得，比如"贪吃"的玻璃杯、水柱的"魔力"、会"爬"的皮球等。你想整整这个"调皮"的家伙吗？那就好好做这些精彩的游戏吧！

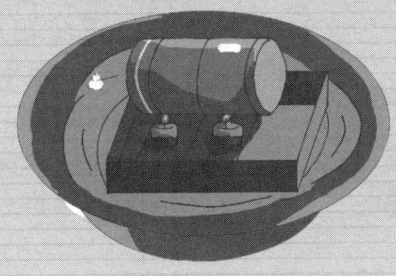

113. 水流问题

游戏痴迷指数：★★★

小不点的疑团

水是从高处往下流的，但有的时候并不是这样，这是怎么回事呢？

工具潘多拉 玻璃杯、手帕、橡皮筋

游戏对对碰

（1）将手帕盖住杯口，用橡皮筋绑紧，让水冲在手帕上，结果水流进了杯子中。

（2）等杯子里的水装到 2/3 位置时，把杯子迅速倒转过来，让杯口朝下。结果发现水并没有流出来。这是为什么呢？

聪明博士的答卷

杯子倒转过来时，水没有流出来，是因为大气压力的关系。杯子外面的气压大于杯子里面的气压，所以外面的气压堵住了杯口，这样杯子里的水就流不出来了。

114. 给鱼缸换水

游戏痴迷指数：★★★★

小不点的疑团

今天妈妈叫我给鱼缸换水，可愁死我了。既没有安装水槽，我也搬不动鱼缸，那怎样帮鱼儿换水呢？

工具潘多拉 有鱼儿的鱼缸、水盆、水桶、塑料管

游戏对对碰

（1）先把鱼捞出来，暂时放在其他的水盆中。把水桶放在比鱼缸低的地方。

（2）把塑料管浸入鱼缸中使管内充满水，然后用手指分别堵住塑料管的两端，从鱼缸中取出。

（3）将充满水的塑料管一头放置到鱼缸中，另一头放置到准备好的水桶中，松开手指，水就会慢慢从鱼缸中流到水桶中去了。

聪明博士的答卷

这个游戏利用了水压差的原理。塑料管相当于一段虹吸管，水能通过虹吸管先流向较高的水平面，再流向较低的水平面去。当塑料管中水的高度和弯管上部平齐时，弯管内充

满水，就发生虹吸作用；当水桶中水面高于弯管中入水口高度时，虹吸作用就自动停止。

115. 微型瀑布

游戏痴迷指数：★

  小不点的疑团

瀑布是世界上最美丽的"窗帘"，我想大家一定很认同这句话。但我要说的是你能自己动手做一个小瀑布吗？

工具潘多拉 空塑料瓶、尖头钉、透明胶带

 游戏对对碰

（1）用尖头钉在塑料瓶四个高度不同的位置上钻洞。

（2）用透明胶带小心地把洞口封住。

（3）在塑料瓶中装满水。

（4）撕下洞口上面的透明胶带。

（5）你会看到每个洞口都会射出一股水柱，但是强度各不一样，最下面的洞口出来的水柱射得最远，最上面的洞口射出来的水柱最近。原来小瀑布也很美丽！

 聪明博士的答卷

由于较低水层的水压高于较高水层的水压，所以下层的水柱射出的速度要比上层的水快些，射得也要远一些。

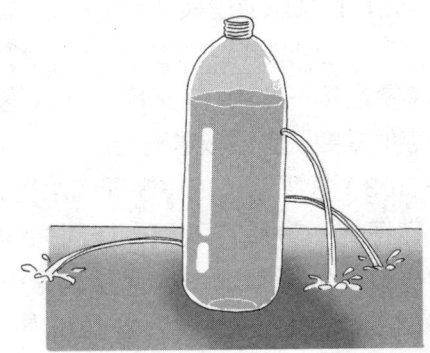

学以致用

瀑布的形成有多种原因，除了有丰富的水源外，还要有河道的落差。一般来说，地壳运动形成的断裂层、火山爆发、地震等都能引起河道发生变化，形成落差。我国的黄果树瀑布就是由于地壳运动形成的。

116. 会喷射的水珠

游戏痴迷指数：★★★

小不点的疑团

今天我要给家里的花草喷水，但是喷壶是怎样起作用的呢？博士，你能告诉我吗？

工具潘多拉 可乐瓶、吸管、小刀

游戏对对碰

（1）往可乐瓶里装 2/3 左右的水。

（2）在吸管的 1/3 处用小刀切个口（要连接一半），并折成 90°（这一点很重要，必须做准确）。

（3）把吸管长的一端插到水里，用嘴在另一端用力吹气。这时瓶里的水被吸上来变成小水珠从吸管的切口处喷射出去。需要注意的是，只有角度为 90°时，效果最理想，不然，水就不容易被吸进，或是在瓶里产生气泡。

聪明博士的答卷

空气流动加快，那么它周围的气压就会下降，从而使其他地方的空气流向它的周围。同样原理，如果使劲吹吸管，那么出气口部分的气压就会下降，瓶中的水就会被吸上来。同时，吸上来的水，被强劲的气流击碎成小水珠喷射出去。

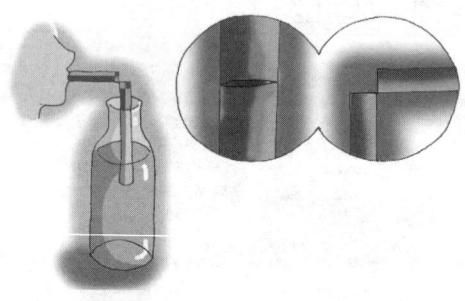

117. 贝努利定律

游戏痴迷指数：★★★

小不点的疑团

把一张半卷着的名片摆放在桌子上。你肯定会以为，如果使劲吹一下，名片很容易就翻转过去。可事实并不是这样的，不信就试试！

工具潘多拉 一张名片

游戏对对碰

（1）把一张名片对折一下放在桌子上。

（2）使劲对着折角的空隙吹气，不管你费多大力气，名片不但不翻过来，反而会更牢固地抓住台面。是什么力量使名片在桌子上不动的呢？

聪明博士的答卷

吹出的气使名片下方的空气量减少,这样就使名片下方的压强降低,因为名片上面的压强是没有变化的。所以,名片就相当于受到一个更大的压力,因此它会更加牢固地粘在桌子上。

学以致用

18世纪的瑞士科学家丹尼尔·贝努利发现,气体的压力随着速度的加快而减弱。他的这个发现,对今天设计飞机有实际意义。你也可以试着运用这个规律,设计出你自己喜欢的东西。试一试吧!

118. 防爆气球

游戏痴迷指数:★★★

 小不点的疑团

我最喜欢玩气球了,可它很爱破。能不能发明一种不会爆炸的气球呢?

工具潘多拉 气球、针、透明胶带(也可用橡皮膏代替)

 游戏对对碰

(1)把一个气球吹足气,扎紧气球吹气口,用针去扎,气球会爆炸。

(2)把另一个气球吹足气,扎紧吹气口,再用一块透明胶带贴在气球上。这时再用针从贴着透明胶带的地方把气球扎破,发现气球不是"啪"的一声爆炸掉,而是慢慢地瘪下去。这是什么原因呢?

 聪明博士的答卷

原来气球扎破时,溢出的空气形成一股压力,橡胶和胶带对这种压力的反应各不相同。当压缩空气从气球扎破的地方冲出时,因橡胶脆而薄,气球皮一下子就被撑破了,同时发出很大的破裂声。透明胶带则比较坚固,它可以抵住压缩空气冲出造成的压力,所以气球不会"啪"的一声爆炸。

学以致用

人们根据防爆气球的制作原理,已经把它灵活地运用到生产中去了,防爆车胎就是根据这个原理制成的。

119. 给气球安"耳朵"

游戏痴迷指数:★★

小不点的疑团

五颜六色的小气球我们都玩过,但你玩过给气球安"耳朵"吗?一起来试一试吧!

工具潘多拉 气球、细绳、2个小玻璃杯、一杯热水、一杯凉水

游戏对对碰

(1)准备一个小气球,吹满气,将吹气口紧紧绑住。

(2)取2个小玻璃杯,在2个杯子中加满热水,提升玻璃杯温度,然后倒掉热水,迅速将玻璃杯口贴在气球两侧,形成气球的两个"耳朵"。

(3)取一杯凉水,浇在2个温热的玻璃杯外边,让其降温。发现将一边的"耳朵"竖直提起,另一边的"耳朵"也紧紧贴在气球上面。

聪明博士的答卷

这个游戏的奥秘在于内外的大气压强不一样。给玻璃杯加热水,使玻璃杯的温度提升,玻璃杯内的空气也就热了起来。这个时候迅速将杯口扣在气球上,再用凉水给它们降温,致使玻璃杯内的空气因为变凉而发生了体积收缩,杯内的气压变低。而此时贴附着的气球因为没有受到干扰,一直保持着稳定的内部气压,这样就与玻璃杯内的大气产生了气压差,因而紧靠杯口的那部分气球被压进了杯内。

120. 自制保温箱

游戏痴迷指数:★

小不点的疑团

生活中用来装开水的保温瓶和装饭菜的保温盒我们大家都很喜欢,因为它为我们的生活带来了极大的方便。那么保温箱到底是怎么制作

的呢?

工具潘多拉 鞋盒、棉花或报纸、2杯开水

 游戏对对碰

（1）在鞋盒里加一些棉花或者报纸，就能制成一个简单的保温箱了。

（2）可以取2杯开水来做一下对比。一杯置于桌上，一杯放到保温箱中，盖上盖子，半个小时之后测量温度，发现保温箱中的温度果然下降得要慢一些。

聪明博士的答卷

在鞋盒里的开水之所以温度下降得慢，是因为做成鞋盒的纸材料、棉花等是热的不良导体，并且能减少空气流通，减少了热的对流和传递。

学以致用

我们冬天穿上棉衣或羽绒服能够保暖，并不是棉衣暖和，而是因为它使空气的对流受到了阻隔，减少了人体热量的丧失。想想你的周围还有哪些是热的不良导体呢?

121. 自动剥皮的香蕉

游戏痴迷指数：★★★

小不点的疑团

在水果中，香蕉是最容易剥皮的，那能不能让香蕉自己脱下香蕉皮呢?我们做一个尝试。

工具潘多拉 酒瓶、稍微熟一些的香蕉（香蕉的大小以香蕉肉能滑入酒瓶为宜）、度数比较高的白酒(酒精更好)、火柴

 游戏对对碰

（1）先把香蕉末端的皮剥开一点备用。

（2）在酒瓶内倒进少量白酒，用一根点着了的火柴把瓶内的酒点燃，然后立即把香蕉皮剥开的一端放在酒瓶上，使瓶口完全被香蕉肉堵住，让香蕉皮搭在瓶口外面。这时，你会惊奇地看到一个有趣的现象：瓶子好像有了魔力，拼命地把香蕉往里吞吸，还发出吵嚷声。最后，香蕉肉被瓶子吸进去了，而香蕉皮却"自行"脱落了。

聪明博士的答卷

这是因为燃烧的白酒耗尽了空

气中的氧，瓶子里的压力比外面的压力小，因此，外面的空气推着香蕉进入到瓶中。如果放上香蕉以后，瓶口没有被完全堵死，这个游戏就不容易做成了。另外，如果是因为香蕉不太熟，游戏可能也不容易成功，你可以预先在香蕉皮上竖着划两三个切口，再做时，就会容易一些。

口朝下。然后将扶着垫板的手放开，垫板并没有掉下去。看起来，好像玻璃杯紧紧地吃住垫板一样。

聪明博士的答卷

盛水的杯子上覆盖着垫板，因为杯外的空气压力比较大，垫板就不会掉下来了。

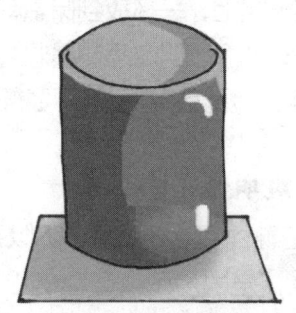

122. "贪吃"的玻璃杯

游戏痴迷指数：★★★★

 小不点的疑团

杯子是用来盛东西的，可有时它也"吃东西"。这是怎么回事呢？

工具潘多拉 玻璃杯、垫板、水

 游戏对对碰

（1）将玻璃杯装满水，并用垫板扣在玻璃杯杯口。

（2）用一只手扶着杯子，另一只手扶着垫板，同时翻转过来，使杯

123. 向上爬的试管

游戏痴迷指数：★★★★

 小不点的疑团

水会往下流，试管会往下掉，当这两样东西组合在一起时，会出现什么现象呢？

工具潘多拉 大、小试管各一支，塑料盆

 游戏对对碰

（1）在大试管里装上七八分水

后,把小试管下半部插入大试管中。

(2)在盛有半盆水的塑料盆上方,一只手扶着小试管,另一只手握着大试管,迅速地倒过来,让试管口朝下,并同时松开扶着小试管的手,小试管不是往下掉,而是向上爬。

聪明博士的答卷

小试管之所以往上攀爬,是因为大试管里的水流出来时,内部压力变小,小试管就会被大气气压推上去,向上攀爬。等大试管里的水流光以后,小试管才会掉下来。

124. 纸猴上树

游戏痴迷指数:★★★★

小不点的疑团

今天我们观看了一个游戏,一只纸猴居然能爬树,真是奇怪呀!这是怎样做到的呢?

 工具潘多拉 内径约4毫米的吸管、橡皮泥、锥子、塑料瓶、石蜡、铅画纸、剪刀、彩色画笔、胶水

游戏对对碰

(1)用橡皮泥把吸管的一端塞住。

(2)用锥子在吸管的前后两侧各钻一排小孔,孔与孔的间距约5毫米。钻孔时,将锥子朝向塞橡皮泥那一端倾斜,所有小孔都形成同一角度。

(3)把塑料瓶的瓶盖取下,在瓶盖中心钻个比塑料吸管直径略小的圆孔,将吸管的另一端紧紧插进瓶盖上的圆孔,用石蜡密封。

(4)将带吸管的瓶盖旋紧在塑料瓶上。

(5)用铅画纸做一个比吸管直径略粗,长约30毫米的纸管(可以将纸绕在比吸管略粗的筷子上,接头处用胶水粘好,然后取下),套在吸管上。

(6)用一张薄纸对折后画一只小猴子,剪下,成2只小猴,涂色彩后将两只小猴身体相对,双腿分开粘到纸管上。

(7)用同样的方法,将铅画纸对折后,在上面画上树冠,沿轮廓线剪下来,涂色后对粘在吸管上端,玩具就完成了。

聪明博士的答卷

用双手挤压塑料瓶,吸管两侧斜向上的小孔喷出的气流推动纸管上升,小猴也就随之上升了。若用适当的力连续快速挤压塑料瓶,小猴就会缓缓上升。

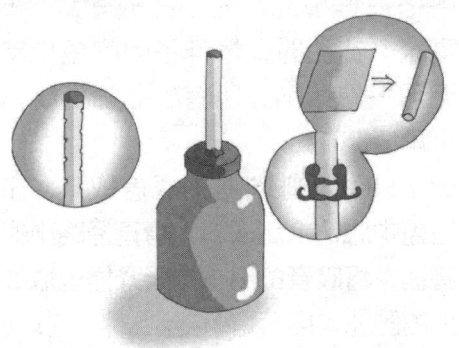

125. 会打架的苹果

游戏痴迷指数:★★★★

小不点的疑团

苹果还会打架吗?真是太奇怪了,这到底是怎么回事呢?

工具潘多拉 2根细绳、一个n形的架子、2个大小差不多的苹果

游戏对对碰

(1)用2条细绳分别将苹果系好,悬挂在架子上,距离不要太远。

(2)在2个苹果之间用力一吹,苹果就会动起来发生碰撞,像打架一样。

聪明博士的答卷

大自然中所有的物体都被空气包围着,空气也是有重量的,并占据着一定的空间。两个苹果间的空气被吹走后,气压会在短时间内降低,且与苹果两旁的空气产生气压差,从而挤压苹果,它们自然就"打起架"来!

126. "沉入"水底的蜡烛

游戏痴迷指数:★★★★

小不点的疑团

蜡烛的密度小于水,所以把蜡烛放到水里,它总是浮在水面上。但聪明博士说,蜡烛也能沉入水底,这是怎么回事呢?

工具潘多拉 透明的玻璃水槽、短而粗的蜡烛、透明的玻璃杯

第四篇 气压的游戏

 游戏对对碰

（1）在玻璃水槽里盛入约 2/3 容积的清水。

（2）将蜡烛头放入水中，它应当漂浮在水面上。

（3）再用玻璃杯罩住水面上的蜡烛，然后松开手。

（4）随着杯子渐渐下沉，杯内的水面也在降低，蜡烛也随之往下沉。等到杯口碰到水槽底部时，如果你的操作得当，蜡烛也几乎沉到水槽底部了。

 聪明博士的答卷

这是依靠空气压力来实现的。当杯口平压到水面上时，杯子里的空气不会跑出来，所以水也挤不进去。等杯子继续往下沉时，杯内的空气就会受到水的压缩（因为外面的大气在对水压缩）。我们都知道空气有压缩性和弹性，当杯内空气的体积缩小时，它的压强就增大，于是杯内的压强大于外面的大气压强，结果是杯内压力会阻止水进入杯中，一直到杯口触及水槽底部。所以浮在水面上的蜡烛也随之垂直下降，直到沉入水底。

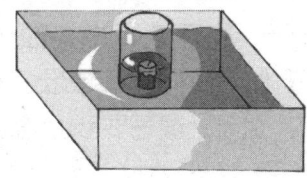

127. 自动水槽的简易装置

游戏痴迷指数：★★★★★

 小不点的疑团

人如果渴了，可以自己用杯子接水喝。可农场里的鸡、鸭渴了怎么办呢？总不能自己用杯子接水喝吧？

工具潘多拉 平底托盘、2块30厘米见方的木板、瓶子、橡皮条、铁锤、铁钉若干

 游戏对对碰

（1）把2块木板拼成"L"形，并用铁钉将2块木板固定。这样一个水槽基座就做好了。

（2）先在托盘中倒入两三厘米深的水，然后将托盘放在水槽基座上。

（3）将装满水的瓶子瓶口朝下，使其与水槽水面接触，并用橡皮条固定在竖板内侧上。这样，一个自动补充水源的水槽简易装置就做好了。

 聪明博士的答卷

当瓶子倒过来瓶口接触到托盘水面时，水就不会流下来。但当你将托盘里的水往外泼时，瓶里的水就随之往下流，直到与托盘里的水面接触为止。这时，因为大气压的关系，瓶

内的水不会外流。

学以致用

大型养鸡场、养鸭场的工人们为了节省为家禽添水的工作，也做了一个类似的加水装置。当家禽渴了的时候，就到托盘中喝水。家禽喝掉多少水，保持瓶就往下流多少水。这样，工人们每天只要往较大的保持瓶里加一次水就行了，既省时，又卫生。

128. 嘴唇搬火柴

游戏痴迷指数：★★★★

小不点的疑团

什么？嘴唇也能搬运火柴？这太不可思议了！到底是怎么回事呢？

工具潘多拉 火柴、平滑的桌子

游戏对对碰

（1）把火柴盒里的火柴并排摆放在桌子上。

（2）用嘴唇夹住火柴盒套，靠在一排火柴上，然后深吸一口气！火柴将吸附在火柴盒套上，就像是贴上了一样，任凭你提起和运走（虽然我已经亲眼见到了，可我还是不敢相信）。

聪明博士的答卷

通过人的吸气，火柴盒套中的空气变得稀薄，产生了低气压。而外面的正常大气压却把一排火柴压迫在盒套底部的开口处。如果你猛然吸一口气，甚至单独的一根火柴也能被吸起来。

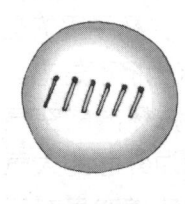

129. 吹不灭的火焰

游戏痴迷指数：★★★★

小不点的疑团

今天，物理老师说蜡烛也可以吹不灭。他让我们回家想想这是怎样做到的，明天上课后要我回答。聪明博士，你快教教我吧！

工具潘多拉 硬纸片、透明胶带、蜡烛、剪刀

游戏对对碰

（1）用剪刀把硬纸片剪成一个扇面形，卷成一个漏斗并用透明胶带粘上。

（2）点燃蜡烛，并在桌子上立好。

（3）用嘴对准漏斗的小口，把漏斗的大口对准火苗，使火苗处在大口的中央后，使劲吹气（确认漏斗的大口中央对准了蜡烛火苗，这一点很重要），结果发现，不管怎么吹，火苗不仅不会灭，反而向漏斗靠拢。

 聪明博士的答卷

空气、水等流体大都具有沿着物体表面流动的性质，且流向总是从高到低。当嘴对着漏斗吹气时，空气沿着喇叭形壁面扩散，于是漏斗中部的空气变稀薄，反而使漏斗中部的空气倒流。向漏斗里吹气时，气体沿着漏斗壁流动，所以中部的压力就减少了。在实验中，蜡烛火苗恰好处于空气低压区的位置，所以蜡烛火苗向漏斗方向倾斜，蜡烛也就吹不灭了。

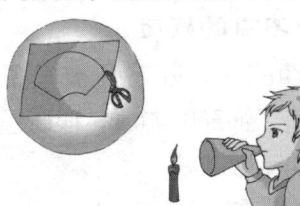

130. 鸡蛋"缩骨术"

游戏痴迷指数：★★★★

 小不点的疑团

你能把一个熟鸡蛋完整地放进瓶口比鸡蛋还小的瓶子里吗？来一起做个游戏，让它教给你这个方法，并告诉你原因吧！

工具潘多拉 一个煮熟并剥去壳的鸡蛋、一个瓶口比鸡蛋略小的空瓶、沸水

 游戏对对碰

（1）小心地将沸水灌进瓶子，摇动瓶子。

（2）将鸡蛋放在瓶口上。

（3）仔细观察，发现鸡蛋在不断地往瓶里滑，最后滑入了瓶子里面。

 聪明博士的答卷

这是为什么呢？是鸡蛋会"缩骨术"吗？

这是因为冷水的密度比热水的密度大，所以比热水所占据的空间要小。在这个游戏中，随着水温的降低，瓶内水所占据的空间变小，而且瓶内热空气变冷收缩使瓶内气压大大降低。这样瓶子外面的气压就会挤压

鸡蛋，使鸡蛋滑进瓶子里面。原来，并不是鸡蛋会"缩骨术"，而是大气压力的功劳。

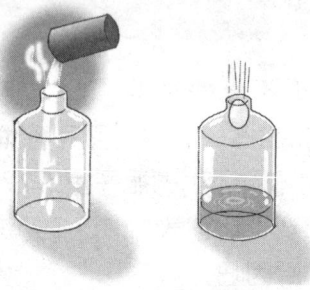

131. 自制喷气船

游戏痴迷指数：★★★★

小不点的疑团

什么？自己制造喷气船？那需要花多少钱呀？

工具潘多拉 金属小铁盒、易拉罐、铁丝、蜡烛头若干、铁皮盖子（面积比易拉罐底部大）、小钻、火柴

游戏对对碰

（1）先在易拉罐里装约1/3的水。

（2）把易拉罐的开启口用铁皮盖堵住，不让里面的水流出来，并在盖子的正中央钻一个小眼。

（3）用铁丝将易拉罐固定在金属小铁盒上方，在易拉罐下面放几节蜡烛头，点着蜡烛头以后，易拉罐里的水过一会儿就会烧开，蒸汽会从小眼里喷出，推动小铁盒向另一个方向前进。就这样，一个简易的喷气船就做好了。哈哈，不用花多少钱就能制造出一艘喷气船吧！

聪明博士的答卷

这个装置的原理是蜡烛的燃烧将水转换为蒸汽，蒸汽推动船前进。如果你希望船速加快，就要把火烧得更旺一些。

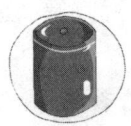

132. 水柱的"魔力"

游戏痴迷指数：★★★★

小不点的疑团

普通的水，却好像被施了魔法一样，有了神奇的力量，很奇怪吧！还是来动手做做吧！

工具潘多拉 脸盆、乒乓球、水壶

游戏对对碰

（1）用脸盆装小半盆水，把一个乒乓球放在水面上使其漂浮着。

（2）用水壶灌满一壶凉水，对准乒乓球往下浇。

（3）你会看到乒乓球被湍急的水流冲得不断地在水面上"跳动"，但能顶着水流始终在原地呆着，并不往旁边"逃去"。

（4）随着盆里水位的升高，乒乓球也慢慢地升高，但仍然不离开冲击它的水柱。这时，即使你让盆里的水震荡翻涌，乒乓球仍"赖"在那里不愿离去。为什么乒乓球会被水柱"吸住"呢？

聪明博士的答卷

原来，乒乓球周围水流动的时候，使得球周围的空气压力变小。只要球周围水流的情况有变化，那么它周围的空气压力就会跟着发生变化，乒乓球在这种压力的作用下不断地调节，始终保持在水柱底部中央，不被水柱冲走。

133. 巧剥鸡蛋壳

游戏痴迷指数：★★★★★

 小不点的疑团

我们都知道鸡蛋的营养价值很高，但是蛋壳很难剥，很影响食欲。你试过用哪种方法来剥鸡蛋壳比较有效呢？

工具潘多拉 刚煮熟的鸡蛋、水盆

 游戏对对碰

（1）把刚煮熟的鸡蛋放在冷水里浸泡一下。

（2）鸡蛋壳果然很容易就剥下来了。

 聪明博士的答卷

不同的物体遇冷时有不同的收缩量。蛋壳内有蛋白和蛋黄，因软硬不同，收缩量也不同。将刚煮熟的鸡蛋立即放入冷水里，会马上收缩。但蛋壳和蛋白的收缩程度不同，从而使蛋壳和蛋白发生了脱离，所以经冷水浸泡后的熟鸡蛋比较好剥。

134. 热水小喷泉

游戏痴迷指数：★★★★

小不点的疑团

喷泉很美，往往使人流连忘返，其实自己也可以做一个小喷泉，来试试吧！

工具潘多拉 尖端的细玻璃管、橡皮塞、玻璃杯（口径比细玻璃管稍大一些）、手钻、脸盆、热水

游戏对对碰

（1）在橡皮塞上钻一个孔，孔径以刚好能插进玻璃管为准，玻璃管的尖嘴朝上插入橡皮塞内并露出塞外，玻璃管的下端刚好插到玻璃杯的底部。

（2）把冷水倒进玻璃杯里，水的高度占杯高的1/3。

（3）将插细玻璃管的橡皮塞塞住杯口，并要塞紧。

（4）往脸盆中倒热水，再把玻璃杯放到脸盆中。请注意观察：细玻璃管中的水往上走，玻璃管尖嘴喷出水来，水花四溅，小喷泉形成了。

聪明博士的答卷

把玻璃杯放进热水里，杯中的空气受热膨胀，对水面的压力增大，水就被压入了玻璃管而上升，从而形成小喷泉。这个喷泉成功的关键是各个部位都不能漏气。

135. 吸管穿土豆

游戏痴迷指数：★★★

小不点的疑团

塑料吸管，并不坚硬，用手指一扳，它就弯了；稍微用点力气，它就扁了。现在，聪明博士却能用它穿过土豆。他是怎么做到的呢？

工具潘多拉 吸管、布

游戏对对碰

（1）在拇指上垫一块布再按住吸管的一端，以较快的速度往土豆里插（保证吸管不漏气）。

（2）奇迹发生了，吸管捅进土豆里去了。是不是很神奇呀！如此软

的吸管竟然插进土豆里去了。

聪明博士的答卷

并不坚硬的塑料吸管能将土豆穿过,也是借助了大气压的作用。用拇指按住吸管的上端,也就把空气留在了吸管里,再往下插的时候,空气封在里面,使得软弱的吸管变得坚硬起来,所以能够插进土豆,甚至还可以穿透土豆呢!

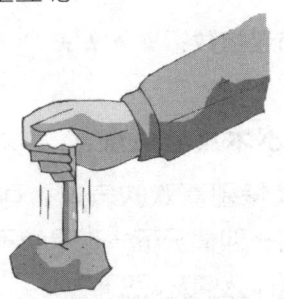

136. 测一测氧气的体积是多少

游戏痴迷指数:★★★★

小不点的疑团

空气是由多种气体混合而成。其中,氮气占的体积最大,其次是氧气。那么,氧气占空气体积的比例为多少呢?

工具潘多拉 蜡烛、盘子、蓝墨水、外表标有刻度的大口玻璃杯、火柴

游戏对对碰

(1)在盘子里固定好一根蜡烛,倒一些水,再滴几滴蓝墨水。

(2)点燃蜡烛,再将一个大口玻璃杯的体积五等分并倒扣在蜡烛上。

(3)蜡烛开始还在燃烧,慢慢火焰变小,不久蜡烛就熄灭了。

(4)接着你会看到盘中的水开始慢慢进入玻璃杯中,杯中水的位置比盘中的水高出一些,约占瓶子体积的1/5。

聪明博士的答卷

当玻璃杯倒扣在装水的盘子上后,玻璃杯中的空气与外界空气隔绝。蜡烛在杯内燃烧,当耗尽了杯中的氧气之后,蜡烛就会熄灭,并且蜡烛燃烧形成的二氧化碳可溶解于水。这样,杯内的大气压小于外界的大气压,使杯内的水上升。因氧气的体积约占空气体积的1/5,所以外界的水进入杯中,约占杯子体积的1/5。用这个方法可以大致检测出空气中氧气所占的体积比例。

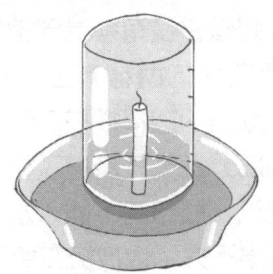

137. "抓"空气

游戏痴迷指数：★★★

小不点的疑团

空气到处都有，可是我们看不见，摸不着。那么谁能抓住空气呢？

工具潘多拉 塑料袋、空瓶子、装有水的塑料盆、细线（或用橡皮筋代替）

游戏对对碰

（1）把敞口的塑料袋袋口朝下，用力一拉，塑料袋里就会被空气涨满，把袋口用线扎起来，用手一挤，就会感到空气的存在了。

（2）把一个空瓶子瓶口朝下，垂直地插入装水的塑料盆里，空瓶子里就会有空气，这样就把空气抓到瓶子里了。

聪明博士的答卷

空气无处不在，但在没有实验之前，我们似乎没有察觉到空气的存在。采用前面的两种方法都可以捉到空气。敞口的塑料袋袋口朝下向下拉，有一部分空气就挤进了袋里，成为压缩空气；瓶口向下插入水中，瓶内的空气出不去，也被挤在瓶子中。

138. 吹不大的气球

游戏痴迷指数：★★★★

小不点的疑团

我特别喜欢吹气球，可聪明博士说有一种情况下气球是吹不大的，到底是什么情况呢？

工具潘多拉 玻璃瓶、气球

游戏对对碰

（1）把气球装进玻璃瓶中，把气球口反套在玻璃瓶口上。

（2）用力吹气球，你会发现无论你用多大的力气去吹也吹不大气球，而且瓶中还有很大空间。这是怎么回事呢？

聪明博士的答卷

当把气球口反套在瓶口上时，同时也封闭了瓶内的空气，也就是说，气球外面的瓶内也存在着大气压。在气球内的压力与瓶内气压的作用下，不管怎样吹气，气球就是吹不大。

139. 会"跳舞"的硬币

游戏痴迷指数：★★★★

小不点的疑团

硬币竟然可以在瓶子上跳起舞来，听起来好像很好玩，但到底该怎么做呢？

工具潘多拉 一瓶可乐、1元硬币、食盐、汤匙

游戏对对碰

（1）在可乐瓶中加入半汤匙食盐。

（2）在硬币上洒些水，把它打湿，然后放在可口可乐瓶子的瓶口上。

（3）仔细观察，你会看见硬币在瓶口上不停地跳动，看起来就像在"跳舞"。

聪明博士的答卷

当食盐的结晶颗粒溶化在二氧化碳中时，很容易变为碳酸气体，但因为瓶口被硬币堵住了，二氧化碳无路可走。一旦瓶中的压力超过硬币的重量与外界大气压的和，硬币就会跳起，使瓶中的二氧化碳溢出。但紧接着硬币又会因为自己的重量和外界气压而落下，盖住瓶口。然而，只要瓶中的压力再次升高，硬币又会跳动起来。如此反复，硬币就会不停地跳动。

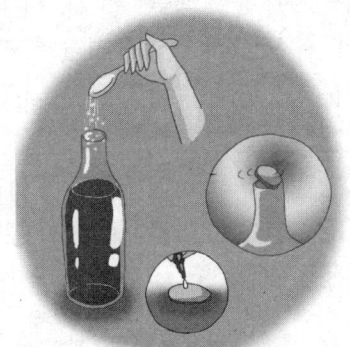

140. 相互吸引的杯子

游戏痴迷指数：★★★★

小不点的疑团

两个体积形状相同的玻璃杯，

有谁不用胶水就能将它们粘在一起呢?

工具潘多拉 2个玻璃杯(要求杯口平整且大小一致)、纸、火柴

游戏对对碰

(1)用火柴点燃纸张,然后迅速把它放进玻璃杯内,把另一个玻璃杯扣在上面,两杯杯口相对。

(2)等纸燃烧完了,拿起上面的杯子时,下面的杯子也被吸了起来,它们好像被粘在一起一样。

聪明博士的答卷

原来纸张在杯中燃烧的时候,杯内气温升高。当另一个杯子口口相对地堵住杯口时,外界的氧气无法补充进杯内,纸张就会因为氧耗尽而熄灭,温度也随之降低空气收缩,使杯内压力变小,杯内的压强小于外界的大气压,这个压力差把两个杯子紧紧地压在了一起。

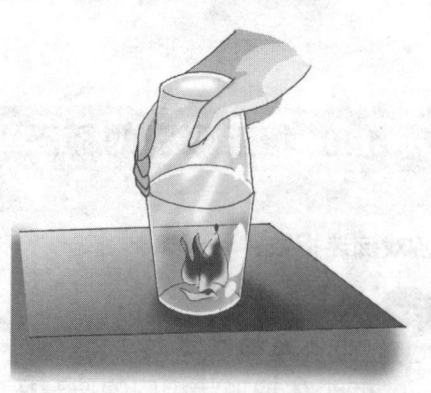

141. 飞起来的"凤凰"

游戏痴迷指数:★★★★

小不点的疑团

我从来没见过凤凰,可聪明博士说他可以做出一个"凤凰"。到底凤凰长什么样子呢?

工具潘多拉 剪刀、胶水、铝制盘、白纸、火柴

游戏对对碰

(1)把白纸剪成一个长约20厘米,宽约10厘米的纸条,然后把纸条的两边用胶水粘好,这样就做成了一个纸筒。

(2)将纸筒竖立到铝制盘中央,看起来就像一座小烟囱。

(3)点燃纸筒上端,火迅速向下燃烧。

(4)当火苗接近底部时,你可以看到一个黑色的纸灰筒腾空而起。这真是一个美丽的镜头!

聪明博士的答卷

纸筒的燃烧使其内部形成一股热气流,热空气上升就将较轻的纸灰筒托了起来。这个游戏也可以称为"凤凰涅槃",因为它好像"凤凰"

一样在自己的灰烬中升空。由于少量热空气所形成的浮力很有限,所以你必须选择较轻的纸,否则游戏会很难成功。

142. 舞动的纸蛇

游戏痴迷指数:★★★★★

小不点的疑团

博士,快告诉我为什么你手中的纸蛇会舞动起来?

工具潘多拉 铅笔、柔软性好的纸、剪刀、穿着细线的缝衣针、暖室内气(或炉火)、小木棍

游戏对对碰

(1)用铅笔在纸上画出直径为6厘米的圆盘,然后在圆盘中画一条盘旋着的蛇,中间是蛇的头部,并将这条蛇完整地剪下来。

(2)用缝衣针穿过纸蛇的头部,将细线截成15厘米左右长,并把细线缠绕在小木棍上固定住纸蛇。

(3)连同小木棍和纸蛇移至暖气上方20厘米左右,在热空气的影响下,纸蛇就开始舞动了。

聪明博士的答卷

暖气的温度致使附近的空气被加热,空气变热拉大空气分子之间的距离。气体体积膨胀,所以热空气密度就下降,也就是比同体积的冷空气质量要轻,因此它会上升。在上升的过程中,周围的冷空气就涌到其位置,而热空气在上升中牵动纸蛇,一部分空气就进入了螺旋状的纸蛇中,所以就带动纸蛇开始舞动。

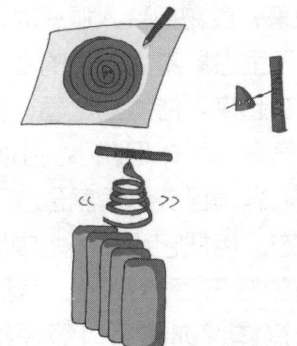

143. 巧开瓶盖

游戏痴迷指数:★★★

小不点的疑团

我们在吃罐头的时候往往会遇到这样的麻烦,罐头瓶盖盖得非常牢

固,怎样能轻松地打开它呢?

 工具潘多拉 旋盖罐头瓶、塑料盆、隔热手套、沸水

 游戏对对碰

(1)先往塑料盆中注入一半沸水。

(2)把罐头的瓶盖部分放入沸水中浸泡30秒钟,然后取出。

(3)然后戴上隔热手套,用手向外拧瓶盖,不费吹灰之力,瓶盖就被打开了。

聪明博士的答卷

原来,食物被装入瓶子时,热空气在瓶子里占据着比较大的空间,然后被密封起来。待冷却之后,因罐头内的空气变冷而体积减小。由此,罐头冷却之后,罐头瓶里就形成了一个低压状态。当把它放在热水中后,罐头瓶内的空气受热膨胀,气压逐渐变大。这样,你就可以很轻松地打开罐头瓶,美美地享用里面的罐头食品了。

144. 会"爬"的皮球

游戏痴迷指数:★★★

 小不点的疑团

小皮球掉进瓶子里了,拿不出来,怎么办呢?

 工具潘多拉 玻璃瓶(瓶口径比小皮球稍大)、沸水、小皮球

 游戏对对碰

(1)先把小皮球放入玻璃瓶中,倒转玻璃瓶,用手指压住下滑的小皮球,然后用力向小皮球与玻璃瓶之间的缝隙吹气,并慢慢抽出手指,你会发现小皮球被卡在瓶口了。

(2)小心地把瓶子放入沸水中。要轻拿轻放,不要让小皮球掉进玻璃瓶里面去哦!

(3)过了一会儿,玻璃瓶里的小皮球会自己慢慢地从瓶子里"爬"出来。

聪明博士的答卷

当我们朝瓶口吹气时,气流到达瓶底后被反弹回来,所以把小皮球卡在了瓶口。把玻璃瓶放在热水中后,瓶中的空气受热膨胀,而瓶口已被小皮球堵住,所以玻璃瓶内的压力增大。当这个压力超过了外面的大气

压时，就会把小皮球慢慢挤出来。原来，不是小皮球自己"爬"出来的，而是玻璃瓶内的空气把小皮球推出来的。

145. 自制"气枪"

游戏痴迷指数：★★★★

 小不点的疑团

许多小朋友都喜欢玩气枪，可气枪是怎样制作的呢？

工具潘多拉 直径为8～10毫米、长度为6～8厘米的空心玻璃管，长度为15厘米的铅笔，土豆，水果刀

 游戏对对碰

（1）把土豆切成一片一片的，备用。

（2）把玻璃管两端都插进土豆片里，土豆就会嵌进玻璃管里，把玻璃管两头堵住。

（3）把玻璃管的一端瞄准你想射击的目标，拿铅笔把一端的土豆片推进玻璃管里，你手中的这支"气枪"就会"啪"的一声，向目标射出一块土豆"子弹"。

 聪明博士的答卷

原来，你手中的这支土豆枪，是一支名副其实的"气枪"。玻璃管两头堵上土豆片时，管内装满了气体，当你把土豆片推向管里时，管里的空气被压缩，使压缩空气从另一端冲出，把堵在管口的土豆片高速顶出。注意：用铅笔推土豆片时要小心，要敏捷。只要你瞄得准，你一定能射中靶心的。

146. 压缩空气

游戏痴迷指数：★★★★

 小不点的疑团

你知道吗？空气之间也有距离，可以被压缩。但具体要怎么做还是要请教聪明博士。

工具潘多拉 没有针头的医用针管

游戏对对碰

（1）抽出针管的活塞，让针管中充满空气。

（2）用一个手指堵住针管下端的开口，用另一个手指向下压活塞。

（3）可以把活塞一直往下压，直到感觉有阻力，松开压着活塞的手指，活塞就会恢复到原来的位置。

 聪明博士的答卷

活塞的压力把针管中的空气压缩，在针管中形成了一个很大的压力。同时，被压缩后的空气也对外施加了一个很强大的力，你可以通过堵住针管开口的那个手指很清楚地感觉到这个力。当你松开活塞后，由于压缩空气会重新膨胀开来，活塞就被空气推回到原来的位置上。在膨胀过程中，压力会渐渐降低，最后针管中的压力将与外界大气的压力相等。

147. 神奇的"大炮"

游戏痴迷指数：★★★★

 小不点的疑团

在电视里的战争片中，我们经常可以看到冒着硝烟的大炮。那聪明博士说的"大炮"和真正的大炮有什么不同呢？

工具潘多拉 两头封闭的纸板圆柱筒、剪刀、蜡烛、橡皮泥

 游戏对对碰

（1）在纸板圆柱筒一端的盖子中间，剪出一个直径大约2厘米的圆孔，作为大炮的炮口。

（2）把"大炮"架在橡皮泥上，一尊大炮就制成了。

（3）在距大炮1米远的地方放一只点燃的蜡烛，把大炮对着蜡烛瞄准好。

（4）用手在大炮筒的底部轻轻拍一两下，你会看到烛焰马上就被大炮"击"灭了。如果烛焰只是摇曳了一下，说明你瞄得不够准。只要你瞄得准，甚至在3米处的烛焰也能被"击"灭。

 聪明博士的答卷

这是大炮喷出的"音圈"吹灭

了烛焰。我们可以在大炮里放些烟来观察这个现象:请一个会抽烟的人,通过圆孔吹进几口烟,用手指慢慢地轻拍纸筒的底部,你会看到很多美丽的烟圈从圆孔里喷出来,并且保持形状的完整。

148. 被"俘虏"的乒乓球

游戏痴迷指数:★★★★

小不点的疑团

把一个小小的乒乓球放进漏斗里竟然吹不出来,真是让人很着急!

工具潘多拉 乒乓球、漏斗

游戏对对碰

把乒乓球放在漏斗里,把大口斜向上方,使劲吹漏斗嘴。真是难以置信,没有人能够把乒乓球吹出漏斗以外去,乒乓球就像被俘虏了一样。这个漏斗好像对乒乓球施了魔法一样,怎么吹也吹不出来,聪明博士快

来帮帮忙吧!

聪明博士的答卷

气流并不像我们认为的那样直接冲向乒乓球,而是形成分流从球和漏斗壁接触的侧旁挤过去,由于这里吹出的气流速度很快,所以其中的压力减弱,而从外面进来的正常大气压又把球紧压在了漏斗里面。

149. 谁会飞得更高

游戏痴迷指数:★★★

小不点的疑团

一场氢气球升空比赛开始了。谁的气球能飞得更高呢?

工具潘多拉 两个气球

游戏对对碰

(1)一个气球里充满了氢气,另一个气球里充气但是不充满。

(2)把两个气球同时放出,发现没有充满气体的气球飞得更高。为什么充满气体的气球反而不如未充满气体的气球飞得高呢?

聪明博士的答卷

气球的升高取决于它排除空气的体积。越鼓的气球升空的速度越快,但它内部的气压却在高空气压减弱的情况下越来越高,最后使气球破裂。没有充满气体的气球升空速度虽然慢,但却可以升得更高,它还可以继续膨胀,而不破裂。

150. 自制降落伞

游戏痴迷指数:★★★

小不点的疑团

降落伞我们都很熟悉,但你想过自己制作一个降落伞吗?

工具潘多拉 塑料袋、剪刀、8根细绳、玩具小人

游戏对对碰

(1)把塑料袋剪下一块边长为30厘米的正方形薄膜。按照对角线依次折叠3次,得到一个小的三角形。

(2)将三角形的斜边剪成扇形,展开之后就能得到8等分的圆形薄膜。

(3)在圆形薄膜8等分的褶痕上粘上8根细绳,细绳可以适当放长长度,将8根细绳末端收拢打成一个结。

(4)把玩具小人固定在细绳末端(如果玩具小人有环,可以在细绳打结之前穿过环再固定)。

(5)找一个高一点的地方,将细绳环绕的薄膜整理好,将它们向高空抛出,就能看见薄膜徐徐展开,带着玩具小人翩翩降落了。

聪明博士的答卷

地球上的物体都要受到地心引力的作用。当我们把薄膜向空中抛出时,加上玩具小人的作用,它们就会往地面降落。按照常理,玩具小人应该快速降落,但是薄膜一展开,伞面受到了空气的阻力及在气流的作用下,使它能够平稳地飘落下来。

151. 铁丝切冰块

游戏痴迷指数: ★★★★

 小不点的疑团

你能将冰块切开,但又不把它分成两半吗?

工具潘多拉 2厘米厚的长方形冰块、两块砖、2个500克的砝码、长15厘米的铁丝

 游戏对对碰

(1) 把冰块架在两块砖上。

(2) 在冰块上横搭一根铁丝,铁丝两端各吊500克的砝码。这时,铁丝慢慢穿过冰块,待完全切过时,把冰块拿起来看看,会发现铁丝切过了冰块,但冰块仍然是完整的一块。好神奇呀!

 聪明博士的答卷

因为铁丝两端吊有重物,冰块被铁丝压的地方压强增大了。压强增大了,冰的熔点就降低了。因此被铁丝压着的那部分冰就化成水。当铁丝切过以后,那里增加的压强消失了,熔点又恢复到0℃,同时下面被压的冰融化时要吸收周围的热量,所以缝隙里的水又重新结冰。这样慢慢切下去,冰当然不会断开。

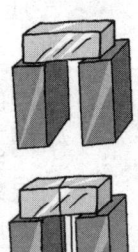

152. 防水的纱布

游戏痴迷指数: ★★★★

 小不点的疑团

纱布能防水吗?看上去,纱布织得那么稀疏,网眼又多又大,要想用它来"防水",恐怕办不到。

工具潘多拉 矿泉水瓶、纱布、细绳(或用橡皮筋)

 游戏对对碰

(1) 在矿泉水瓶里装满水。

(2) 将纱布蒙在瓶口上,用细绳或橡皮筋把纱布紧紧扎住。

(3) 这时,把瓶子倒过来,你会发现瓶子里的水并不会咕嘟咕嘟流出来。

 聪明博士的答卷

原来,纱布防水的原因有两

点,一是因为空气压力在起作用;二是因为水的表面张力在起作用。空气的压力很大,完全可以托住压在瓶口处水的重力,所以水不会往下泄漏。另外,水的表面张力会把水裹起来,不让水随便乱跑。

学以致用

了解水的表面张力的特性后,人们不仅巧妙地制成了雨衣,而且还造出了新颖的"憎"水玻璃,即在普通玻璃上涂一层硅有机化合物药膜,它大大削弱了雾气对玻璃的附着力。把这种玻璃安在车的前窗上,划水器也就用不着了。

153. 不透水的孔洞

游戏痴迷指数:★★★★

 小不点的疑团

我们知道,凡是孔洞都可以透水,可有一些孔洞却不会透水,你见过吗?

 工具潘多拉 果汁瓶、直径为3毫米的钉子、锤子

 游戏对对碰

(1)在一个果汁瓶盖上用一根直径3毫米的钉子打几个孔。

(2)瓶子灌满水后,把盖拧紧,用手捂住瓶盖。

(3)然后把瓶子倒过来,当你把手拿开的时候,瓶中的水却不流出来(最多有几滴)。

 **聪明博士的答卷**

水分子在瓶盖的小孔上互相吸引,形成水膜,覆盖了小孔,致使水无法从小孔中滴落出来。不过,如果进入了空气,水就很容易从瓶子中流出了。

154. 会"跳舞"的葡萄干

游戏痴迷指数：★★★★

小不点的疑团

你见过会"跳舞"的葡萄干吗？葡萄干怎么会跳舞呢？

工具潘多拉 高玻璃杯（越高越好）、汽水和水各一瓶、葡萄干

游戏对对碰

（1）往玻璃杯里倒入汽水和水各一半（如果用温水会看到活动得很快，但效果不会持续）。

（2）把葡萄干放入杯中，等待20分钟。

（3）20分钟后，沉在杯底的葡萄干开始运动并浮了上来。当沾满气泡的葡萄干漂浮在水面上滴溜溜转动时，其表面气泡的数量便慢慢减少，此时葡萄干又开始沉下去了。如果不挪动它，这样的沉浮可持续反复一天左右。葡萄的舞功好厉害哦！

聪明博士的答卷

其实，这是二氧化碳在起作用。汽水里溶解着二氧化碳，变为气体的二氧化碳气泡附在了葡萄干表面，气泡附着得多的葡萄干由于浮力增大，就浮了上来。但由于要到达水面，葡萄干就得转动，这时二氧化碳气泡就会消失，所以葡萄干又沉了下去。

155. 玻璃会"粘"在一起

游戏痴迷指数：★★★★

小不点的疑团

玻璃，在我们的科学游戏中已经出现了很多次，充当了很重要的角色。如果玻璃和玻璃遇到一起，会发生什么情况呢？

工具潘多拉 2块玻璃、水

游戏对对碰

（1）2块玻璃不论是竖着放，还是横着放，只要一松手，马上就会分开。

（2）把2块玻璃擦干净，然后在其中一块玻璃上倒少许水，再把另一块合上。这时再拿玻璃就不会分开了，2块玻璃如同"粘"住了一般。这是为什么呢？

聪明博士的答卷

2块玻璃合在一起，因为中间有空气，内外压力相等，所以很容易分开。当2块玻璃中间滴上水以后，再合起来时水便把里面的空气赶跑了，于是外界大气压就把玻璃"粘"在了一起，很不容易分开。

156. 杯中"龙卷风"

游戏痴迷指数：★★★

 小不点的疑团

你见过龙卷风吗？我也没见过。可聪明博士说，可以自己动手做一个简易的龙卷风装置。我有点害怕！

工具潘多拉 玻璃杯、碳酸饮料、食盐、小勺

 游戏对对碰

（1）往玻璃杯里倒大半杯碳酸饮料。

（2）在盛碳酸饮料的杯子里加一匙食盐，这时你会看到从杯底垂直地升起一根长鼻状的带子，像天空中出现的龙卷风。好壮观呀！

 聪明博士的答卷

在含有碳酸的饮料中加入食盐后，会析出二氧化碳气体。二氧化碳以小气泡的形式出现，玻璃杯里的饮料就会形成一根长鼻状的带子，类似于天空中出现的龙卷风。

第 五 篇

冷热游戏

热和冷是人体感觉器官最容易感觉到的两个状态，比如，炎热的夏天和寒冷的冬天。恰恰是因为它们极具鲜明的独特个性，人们巧妙地利用它们研究出了很多实用的东西，如温度计、冰箱等。在这一章中，你将看到更多通过简单工具就能展现个性的生动表演。

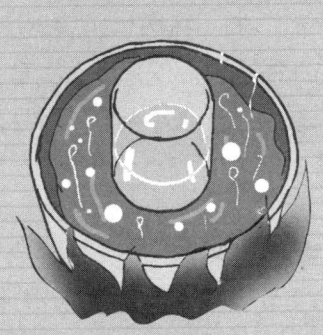

157. 有"魔力"的手

游戏痴迷指数：★★★★

小不点的疑团

太阳可以提供太阳能，高处坠落的水能提供动能，那我们的人体有能量吗？

工具潘多拉 A4纸、剪刀、带橡皮擦头的铅笔、大头针

游戏对对碰

（1）用剪刀把纸裁成7.5厘米见方的正方形，依照正方形的两条对角线对折，然后展开，正方形纸上就会出现两条交叉的痕迹。

（2）按照折痕，将正方形往上推，形成一个高约1.25厘米的四面凹的锥体。

（3）取一根带有橡皮头的铅笔，将一根大头针插入橡皮头。

（4）坐下来，将铅笔夹在膝盖中间，再把折好的纸放在大头针上，也就是大头针顶着两条对角线的交叉点。

（5）将双手并拢成杯状，拢在纸张的下方，距离大约2.5厘米。1分钟之后，手就发出神奇的"魔力"，纸慢慢旋转起来，并且越转越快。

聪明博士的答卷

其实手并没有什么"魔力"，纸可以旋转，是因为我们的手有温度，提供了热能，它加热了纸附近的空气，空气一旦被加热，发生上升现象，因此能使铅笔上端平衡的纸转动起来。

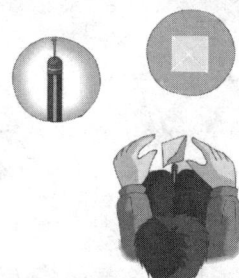

158. 哪个冻得快

游戏痴迷指数：★★★★

小不点的疑团

今天我发现了一个奇怪的现象，放在冰箱中的一杯热牛奶居然比一杯冷牛奶冻得还快。这是怎么回事？

工具潘多拉 热牛奶、冷牛奶、家用冰箱

游戏对对碰

（1）将2杯牛奶同时放进冰箱。

（2）60分钟后，把牛奶拿出来，发现竟然是温度高的那杯牛奶冻得

快。这是为什么呢？

聪明博士的答卷

这是姆潘巴现象。冷却的快慢不是由液体的平均温度决定的，而是由液体上表面与底部的温度差决定的。热牛奶冷却时，这种温度差较大，而且在整个冻结前的降温过程中，热牛奶的温度差一直大于冷牛奶的温度差。上表面的温度越高，从上表面散发的热量就越多，因此降温就越快。

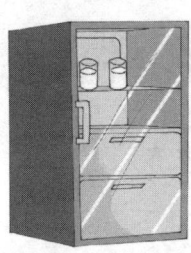

159. 自由伸缩的铁丝

游戏痴迷指数：★★★

小不点的疑团

寒假我坐火车去旅游，发现铁路上的轨道不是完全闭合的，而是留有一定的空隙。这是为什么呢？

工具潘多拉 一根1米长的铁丝、2根螺丝钉、蜡烛

游戏对对碰

（1）把铁丝绷直，两端用螺丝钉固定住，悬空。

（2）用蜡烛在铁丝中间加热。一会儿，就会发现铁丝弯曲了。

聪明博士的答卷

由于我们已经把铁丝的两端固定住了，所以当铁丝受热后出现伸长现象时，它无法向两端延伸，只能向下弯曲。但如果设法把铁丝的温度降到很低，它又会发生收缩，如果超过一定限度，很可能会发生断裂。

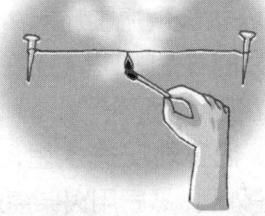

学以致用

在铁路的建设中，也要考虑热胀冷缩对钢轨的影响。据测定，钢轨温度每升高1℃，它的长度就要延伸万分之一。在我国的一年四季中，温差最大时有可能达到55℃，100千米钢轨的伸缩可达55米左右。所以在钢轨的铺设中，接头部分要保留一定空隙，以便温度变化时钢轨能够伸缩自如。一般来说，大楼的设计也会多出几道伸缩缝以适应变化。

160. 水火交融

游戏痴迷指数：★★★

小不点的疑团

好奇怪呀，水和火不是一对冤家吗？怎么会互相交融呢？

工具潘多拉 蜡烛、大头铁钉、大玻璃瓶、水、火柴

游戏对对碰

（1）在大玻璃瓶中注入2/3的水。

（2）把铁钉插进蜡烛的下部，使蜡烛立在水中而不浮起。

（3）把蜡烛放进水里，只留一小部分在外面，然后用火柴点燃蜡烛。

（4）过一会儿你就会发现，尽管露在水面上的蜡烛已经渐渐燃尽，但是蜡烛的火焰却没有熄灭，仍在水中继续燃烧。

聪明博士的答卷

这个场面虽不壮观但是火在水里燃烧，真的很不可思议。

原来，蜡烛燃烧形成的蜡液经水冷却后，在水面上构成了一层很薄的外壁。这层外壁将水和火焰隔离开来，这样火焰遇水时就不会熄灭，而是继续在水面上燃烧。因此，我们就能看到水火交融的奇景了。

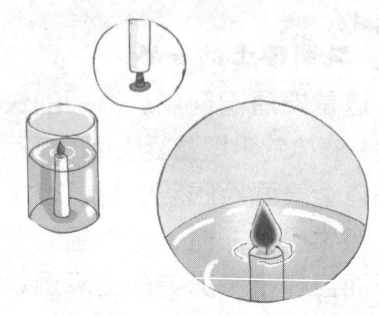

161. 往下冒的烟

游戏痴迷指数：★★★★

小不点的疑团

我们知道，烟一般都是往上冒的。那么，烟可能往下冒吗？

工具潘多拉 鞋盒、蜡烛、2个煤油灯的玻璃罩（或者取暖炉上的旧烟筒）、废旧牛皮纸、剪刀、火柴

游戏对对碰

（1）在鞋盒的盖上剪两个比玻璃罩直径略小的孔。

（2）将两个灯罩分别扣在刚剪开的小孔上方，蜡烛放在鞋盒中右侧玻璃罩的正下方。

（3）点燃蜡烛，盖上盒盖，千万注意别让蜡烛把鞋盒也烧着了。

（4）用火柴把牛皮纸点燃，并

将冒着烟的牛皮纸拿到左边灯罩的上方。很快，你就会看到烟往下冒——燃烧的牛皮纸冒出的烟从这个玻璃罩进入盒内，又从另一个玻璃罩重新冒了出来。烟为什么会往下冒呢？

聪明博士的答卷

原来，蜡烛点燃以后把它上方的空气也加热了，使得这些空气上升并从灯罩里排出来。然而，燃烧的蜡烛必须得到新鲜空气的补充，所以空气就从另一个灯罩的入口处进入。空气进入灯罩的力量足以把牛皮纸冒出的烟吸进去，所以，我们就看到了烟往下冒的"反常"现象。

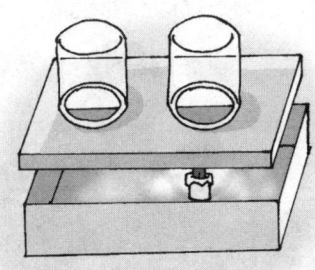

162. 能自己变大的气球

游戏痴迷指数：★★★★

小不点的疑团

除去用嘴巴吹气球之外，还有什么方法让气球变大呢？

工具潘多拉 没有盖的塑料瓶、冰箱、气球、大盆

 游戏对对碰

（1）把塑料瓶放入冰箱，约一个小时后拿出备用（时间足够长，实验才能成功）。

（2）对气球进行多次吹气和放气，使气球松懈。把气球紧紧地套在冰冻过的塑料瓶瓶口上后，将塑料瓶放在大盆中，用热水烫塑料瓶（防止烫手）。这时，气球就会逐渐地变大。

聪明博士的答卷

这个实验是利用了加热空气体积就会增大的原理。当温度降低时，塑料瓶里的空气就会被压缩，从而使更多的空气跑进塑料瓶里。因此放到冰箱里的塑料瓶里会进入较平时多的空气。另一方面，从冰箱里取出瓶子，当往其外倒热水时，瓶子里的温度会迅速上升，使瓶里的空气体积增大，最终使气球鼓起来。

> **学以致用**
>
> 在我们日常生活中，偶尔会看到利用这种原理的情况。比如，乒乓球瘪了时，我们会把它放到热水里重新让乒乓球鼓起来；还有在放热气球时，气球里的热空气，使其减轻重量，从而飞到天空中……这都是利用了这个原理。

163. 制作冰淇淋

游戏痴迷指数：★★★★

小不点的疑团

一到炎热的夏天，冰淇淋是最渴望吃到的美味了。那么，冰淇淋是怎么制作的呢？

工具潘多拉 牛奶、奶油、糖、调味料、盐、咖啡杯、小勺、毛巾、冰块（可从冰箱里取）、大碗

游戏对对碰

（1）把牛奶、奶油、糖和你选择的调味料一同放入干净的咖啡杯里，慢慢搅匀。

（2）把装满奶油混合物的杯子放在一个更大的碗里。

（3）将毛巾裹在碗的外面。

（4）用冰块塞满咖啡杯与碗之间的空隙，并在冰块里撒些盐（不要把盐撒到混合物上）。

（5）搅拌杯中的混合物，持续搅拌约半小时，经过搅拌混合物将成为香浓的冰淇淋。

聪明博士的答卷

液体经冷冻会转变成固体，当混合物逐渐变冷时，冰的粒子就慢慢形成了。在冰淇淋冷冻的过程中搅拌，会使冰分化成小冰块。搅拌的时间越长，这些小冰块会变得越小，冰淇淋也会越细滑。搅拌也使空气进入混合物，使冰淇淋更清亮。

164. 棉线割玻璃

游戏痴迷指数：★★★★★

小不点的疑团

我们知道，切割玻璃必须要用

玻璃刀。但如果你没有玻璃刀,那该怎么办呢?

 工具潘多拉 长棉线、玻璃、盛有冷水的塑料盆(必须装得下玻璃)、火柴

 游戏对对碰

(1)将长棉线浸满煤油,再将棉线铺在玻璃将要切割的位置上,用火柴点燃棉线。

(2)在棉线即将燃尽时,迅速将玻璃整块浸入准备好的冷水盆中,玻璃立刻会沿着刚才棉线的位置断裂开来,快速而整齐。

聪明博士的答卷

这是利用了物体热胀冷缩的特性。在棉线燃烧过的位置上的玻璃温度会升高,于是此处玻璃受热膨胀。当迅速将玻璃整块浸入冷水中时,它会遇冷急速收缩,由于玻璃属于热的不良导体,内外的伸缩程度不一致,加之自身的脆性,玻璃很容易沿着这条线断裂开。

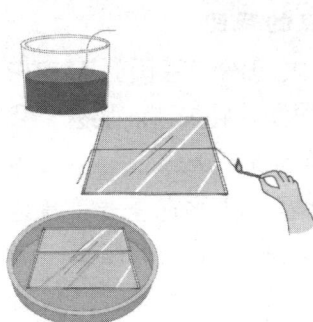

165. "着凉"的杯子

游戏痴迷指数:★★★

 小不点的疑团

请问:一个空杯子和一个装了水的杯子放在冰箱里,谁会先"着凉"呢?

 工具潘多拉 2个玻璃杯、水、冰箱

 游戏对对碰

(1)在一个玻璃杯中注入适量的水,然后与另一个空玻璃杯一起放入冰箱。

(2)20分钟以后,从冰箱里取出2个同时放进去的玻璃杯。

(3)用手摸这2个玻璃杯,有什么感觉?你会发现空玻璃杯比装水的玻璃杯要冷得多。好奇怪呀!

聪明博士的答卷

空杯子看起来里面什么东西也没有,其实充满了空气。由于空气的比热容比水的比热容小,因而会比水更快地释放出能量。而水可以将热量储存起来,从而使杯子的温度不会下降得太快。所以,正如你所感觉到的那样,空杯子先变凉(注:单位质量的某种物质温度升高1℃吸收的热量

叫做这种物质的比热容）。

166. 不会燃烧的纸张

游戏痴迷指数：★★★★

小不点的疑团

把完全干燥的纸张和火焰接触而不燃烧，这看起来不太可能，不过，这确实是真的。但我不明白这是为什么？

工具潘多拉 长方形的纸、铜丝（也可用铁丝代替）、蜡烛、火柴

游戏对对碰

（1）把纸拧成螺旋状，必须拧紧。

（2）把铜丝绕着螺旋状的纸条缠成间距相等的螺旋状。

（3）将蜡烛点燃，把做好的螺旋状纸棒放到火焰上烧，你会发现，纸并没有被烧着，只是纸的周围有很多的黑烟。

聪明博士的答卷

纸棒之所以不会燃烧起来，是因为铜丝传热，它把从火焰中吸收的热量传到铜丝上了。但如果你把铜丝换成是木棒的话，纸就会很快燃烧起来。因为，木棒的热传导性不好，同时还可能自燃。

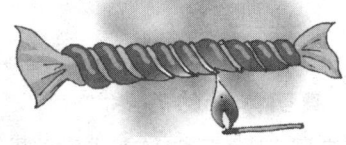

167. 人造"琥珀"

游戏痴迷指数：★★★★

小不点的疑团

琥珀是大自然的宝贝，它的形成过程经常很受人们关注。那么，我们能人造一个琥珀吗？

工具潘多拉 10克颜色金黄、质地纯净的松香、易拉罐、小昆虫、酒精灯、火柴

游戏对对碰

（1）先把易拉罐的盖子拉开，把小昆虫放在盖子上。

（2）把松香放在干净的去盖易拉罐内加热，松香融化后停止加热。

（3）待松香冷却不再冒青烟有些黏稠时，直接倒在盖子上的小昆虫身上。

（4）待它逐渐冷却、凝固后，一个栩栩如生的人造"琥珀"就做成了。原来这么简单呀！

 聪明博士的答卷

松香的颜色类似于琥珀的颜色。给松香加热，松香就会由固体变为液体，如同水状，并会冒出青烟；当松香冷却时会变得黏稠，然后倒在活动状态的昆虫身上，松香冷却后成为固体。

 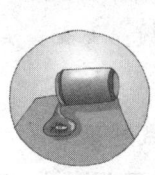

168. 哪个降温快

游戏痴迷指数：★★★★

 小不点的疑团

聪明博士，我这里有2块冰块，你知道哪个降温快吗？

工具潘多拉 2块冰块、2个玻璃杯、木棍、温度计

 游戏对对碰

（1）在2个杯子里，倒入等量的凉水。

（2）把2块冰分别放到两个杯子中。

（3）用一根小木棍把一个杯子里的冰压到杯底，而另一个杯子则让冰块浮在水面上。

（4）10分钟之后，用温度计测量一下，你会发现冰块浮在水面上的杯子温度低。这是什么原因呢？

 聪明博士的答卷

冰溶化需要吸收热量，使周围空气的温度降低，冷空气把水的热量带走了，从而使水的温度降低。而把冰块压在杯底，受冷的只是杯底和冰块接触的那部分水，水温自然就下降的慢。

学以致用

用冰降温在我国有悠久的历史。早在三千多年前的诗歌集《诗经》中就有冬天凿冰藏进冰窖的记载。周朝王宫里就设有专门负责管冰的"凌人"。冬天凿冰保存，夏天用冰解暑的做法一直延续到清朝。

169. 冷冻泡泡

游戏痴迷指数：★★★

小不点的疑团

世界上除了水、蔬菜、水果等能冷冻外，肥皂泡泡也可以冷冻吗?

工具潘多拉 肥皂水、碟子、吸管、冰箱

游戏对对碰

（1）将冰箱冷冻室的温度设定在"强"。

（2）把碟子洗干净，并用水沾湿。

（3）用吸管蘸着肥皂水在碟子上吹一个半球形的肥皂泡泡。

（4）将装有肥皂泡泡的碟子放入冰箱的冷冻室内，20分钟后取出来，冷冻泡泡就做好了。晶莹剔透，非常漂亮!

聪明博士的答卷

把肥皂泡泡放入冰箱，因为肥皂泡泡里面充满了水，所以它在破裂之前就已结冰。因此，我们才有可能看到美丽的冷冻泡泡。

170. 水为什么会自由升降

游戏痴迷指数：★★★★

小不点的疑团

温度只有在变化时才能被测量到，可是装在同一个瓶里的水为什么会自由升降呢?难道也是温度在起作用?

工具潘多拉 软木塞、钉子、吸管、小药瓶、食用色素少许、签字笔、热水、冰箱

游戏对对碰

（1）先用钉子在软木塞上钉一

个洞,将吸管从洞中插进去。

（2）在小药瓶中倒入 2/3 的水,在水中滴入一两滴食用色素,用软木塞塞住瓶口,留一部分吸管露在瓶子外面,然后用签字笔标示出小药瓶中的水位。

（3）分别把小药瓶放在桌子上、冰箱和热水中,你会发现当温度高的时候,吸管的水位会上升;当温度低的时候,吸管的水位会下降。

聪明博士的答卷

热胀冷缩这个道理,相信大家都知道。这个游戏实际上也是利用了这个原理。当把小药瓶放到冰箱中时,因为外部温度比较低,小药瓶里的水就会释放热量,降低自身的温度。因此水的体积就会减少,吸管里面的水位就会随之降低。同理,当放到热水中时,因为外部温度比较高,所以小药瓶中的水就会吸收外界的热量,随着温度的升高,小药瓶里水的体积就会膨胀,因此吸管里的水就会逐渐上升。

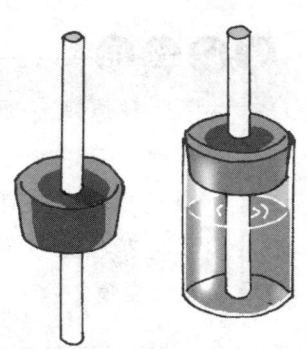

学以致用

根据上面这个实验原理,你也可以自己动手做一个测量常温的温度计,一起来试一试吧!

171. 隐身的字

游戏痴迷指数:★★★

小不点的疑团

我们经常听说的秘密信件,是怎么制作的呢?我也能写一封"秘密信件"吗?

工具潘多拉 柠檬、杯子、牙签、白纸、水果刀

游戏对对碰

（1）切开一个柠檬,往杯子里挤入几滴柠檬汁。

（2）用牙签做笔,蘸着柠檬汁在一张白纸上写一条秘密信息（注意不要蘸太多）。

（3）把写好的秘密信件交给你的小伙伴,他什么都没有看到。

（4）把纸放在太阳下晒干,纸上的字会神奇地显现出来,很有趣!这是为什么呢?

聪明博士的答卷

柠檬汁在曝晒时，来自太阳的热量能把柠檬汁晒干，成了褐色，纸上就显现出字迹了。

172. 留住太阳的热

游戏痴迷指数：★★★

小不点的疑团

科学家一直在想办法，留住太阳的热，并把它转化成新的能量。可是要怎样才能留住太阳的热呢？

工具潘多拉 2个形状、体积相同的玻璃罐，10块冰块，塑料袋。

游戏对对碰

（1）在2个玻璃罐中分别倒入一杯凉水，然后再分别放入5块冰块。

（2）把其中一个罐子用塑料袋罩住，把口扎紧。

（3）然后把2个罐子放到阳光充足的地方。

（4）一个小时以后你会发现，2个罐子里的水温度一样，但是用塑料袋罩住的罐子里的冰块融化得快。这是怎么回事呢？

聪明博士的答卷

塑料袋会产生温室效应，罩在塑料袋里的空气在阳光的照射下，温度会变得很高。照射的时间越长就越热，冰块也就融化得越快。而另一个罐子里的热量蒸发了，所以相比之下，冰块融化需要更长的时间。

学以致用

根据这种原理，园丁在冬天培育鲜花时，就在地上用塑料膜支起一个花棚，这样即使是在寒冷的冬天，花棚里也能保持适合花朵生长的温度。

173. 不会沸腾的水

游戏痴迷指数：★★★

小不点的疑团

我们都知道，在标准大气压下，水会在100℃沸腾。可是，这个游戏中的水为什么持续加热，也不会沸腾呢？

工具潘多拉 玻璃杯、锅、电炉、水

游戏对对碰

（1）在锅里放入适量的水，把玻璃杯放在锅里，然后在玻璃杯里注入与锅里的水相同高度的水。

（2）把锅放在电炉上加热。

（3）过一会儿，锅中的水就会沸腾起来，继续加热，杯中的水却始终没有沸腾。为什么杯中的水不会沸腾呢？

聪明博士的答卷

锅中水的温度上升较快，所以加热一会儿后就达到了沸点。而杯子里的水由于有杯子的阻隔，所以温度上升较慢。因此，当锅中的水沸腾时，杯子中的水还没有达到100℃；当锅中的水沸腾后，锅里的水就会由液态变成气态，而温度则不会再升高，一直保持在100℃。所以也就无法传给杯中的水100℃以上的温度。因而，杯中的水在锅中的水没有蒸干之前是不会沸腾的。

174. 碗中的"火山"

游戏痴迷指数：★★★

小不点的疑团

只用碗和水就可以制造"火山"，是不是很不可思议？来，动手试试吧！

工具潘多拉 大碗、热水和冷水、红色的水彩颜料、玻璃瓶（瓶子比碗稍矮一些）、毛笔

游戏对对碰

（1）在大碗里注入大半碗冷水，然后在玻璃瓶里注入大半瓶的热水。

（2）用毛笔蘸一些红色水彩颜料，放入玻璃瓶的热水里。然后把玻璃瓶迅速放入大碗的冷水里，让瓶子浸在水中。

（3）这时你会发现，玻璃瓶

里的热水一下就涌到了冷水的水面上，像炙热的火山喷发一样。好壮观呀！

聪明博士的答卷

"火山"是根据热胀冷缩的原理制作的。同质量的热水的体积比冷水大，因而密度比冷水小。而密度小的液体一般会上升到密度大的液体之上。因此，玻璃瓶中的热水因密度小而迅速上升，而碗中的冷水因密度大而下沉。这样，就形成了我们所见到的碗中水下"火山"喷发的景象了。

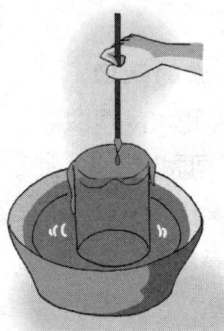

175. 窗台上的冰花

游戏痴迷指数：★★★★

小不点的疑团

在北方冬天寒冷的早上，玻璃窗上常常布满漂亮的冰花，你知道冰花是怎么形成的吗？

工具潘多拉 杯子、玻璃（比杯子的杯口大）、冰箱、开水

游戏对对碰

（1）在杯子里倒入开水。

（2）将玻璃盖在杯口上，直到玻璃上布满水蒸气。

（3）立即将玻璃放到冰箱的冷冻室内。几分钟之后再将玻璃取出，玻璃上就结了一层类似冰花的冰纹了。

聪明博士的答卷

把玻璃放入冰箱的时候，玻璃上的水蒸气遇冷形成了冰。窗户上的冰花是因为室内的湿热空气在寒冷的窗户上凝结而成的冰晶。当最初的冰晶形成以后，冰晶就开始向四周发散，因为玻璃窗有的地方比较洁净，有的地方会有污垢，温度也有差别。这样，当水蒸气布满玻璃的时候，有的地方水蒸气堆积得多，而有的地方水蒸气聚积得少。当冰晶向四周发散的时候，遇到水蒸气聚积多的地方，冰会结得厚一些，而遇到水蒸气聚积少的地方，冰就会结得薄一些。在冰非常薄的地方，遇到一点点热或者压力，它又会立即融化，这样就形成了各式各样的花纹。

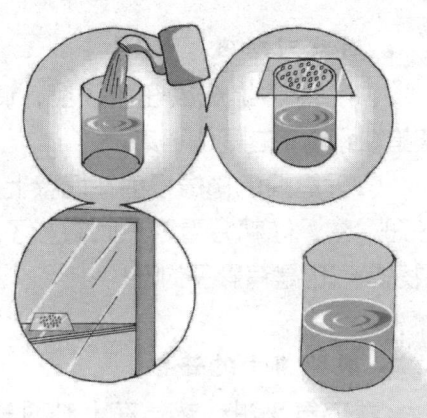

176. 吸热比赛

游戏痴迷指数：★★★

小不点的疑团

天气炎热时，人们都喜欢泡在水里，而不愿意待在软软的沙滩上，因为水里比较凉快。那么，你知道水里为什么比较凉快吗？

工具潘多拉 温度计、土、水、2个杯子

游戏对对碰

（1）找一个太阳充足的日子，将一杯土和一杯水分别放在太阳底下照射 20 分钟。

（2）用温度计测量杯子中土和水的表面温度，发现土的温度比水的温度高。这是为什么呢？

聪明博士的答卷

在水中，热量可以向下传导；在土中，热量被保留在土的表面，而且，太阳光无法透过土，因此，地表很热。另外，相同质量的水和土，水温升高所需的热量要比土大得多，所以，晴天时，在陆地上比在水中要热。

177. 让鸡蛋出"红汗"

游戏痴迷指数：★★★

小不点的疑团

让鸡蛋出"红汗"，这也太奇怪了吧！鸡蛋能出"红汗"吗？

工具潘多拉 鸡蛋、医用针、红墨水、胶带

游戏对对碰

（1）把鸡蛋洗干净，用医用针头在一端仔细地扎一个小孔。

（2）用医用针把蛋内的蛋清和蛋黄抽出来。

（3）将红墨水用医用针注入鸡蛋内，然后向鸡蛋内注入空气。把针孔用胶带封好。

（4）你会看到，红墨水慢慢从鸡蛋中渗了出来，好像鸡蛋在出"红汗"一样。这种情况该怎么解释呢？

  聪明博士的答卷

原来，鸡蛋也是要呼吸的，气体的进出是靠它表面的气孔。据分析，一个鸡蛋大约有7 000个气孔。往鸡蛋内注入空气，就加大了蛋壳内的压力，红墨水无处可去，就会从气孔中渗出来。

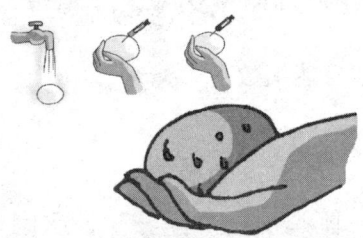

178. 热气的影子

游戏痴迷指数：★★

 小不点的疑团

我们都知道物体有影子，那么热气有影子吗？

工具潘多拉 蜡烛、火柴

 游戏对对碰

（1）点燃蜡烛放在桌子上，调整蜡烛和墙壁之间的距离。

（2）蜡烛的影像投射在墙壁上，仔细观察，你就会看到热气的影子。原来热气也是有影子的呀！

 聪明博士的答卷

就空气来讲，热气在上升时是看不见的，但蜡烛燃烧时产生的热气中含有水蒸气，我们可以利用投影看到水蒸气的影子。因为生成的水蒸气在上升的过程中，会挡住部分光线，于是，我们可以看到蜡烛在燃烧过程中产生的水蒸气的影子。

学以致用

知道了火焰外部温度比中心的高这个原理后，平时用蜂窝煤烧水做饭时，要记得在煤灶口垫几块小石块，让锅底和火焰外部相接触，利用火焰的外部加热这样既能节省燃料，又节省时间，让你尽快地喝到开水。

179. 谁打碎了杯子

游戏痴迷指数：★★★★

小不点的疑团

好端端的一个杯子放在桌子上，倒了一点热水后竟然自己裂开了。这究竟是怎么回事呢？

工具潘多拉 厚壁玻璃杯、刚烧开的热水

游戏对对碰

将玻璃杯放在桌子上，把刚烧开的热水倒进杯子里，却发现杯子"哗"的一声裂开了。这是为什么呢？

聪明博士的答卷

大部分的物质都有热胀冷缩的特性，玻璃杯也不例外。玻璃是由二氧化硅制成的，二氧化硅也有热胀冷缩的特性。因此，突然把热水倒进玻璃杯里，玻璃杯的内壁就会突然膨胀，而玻璃杯的外壁还没有受热，仍然保持在原本的

状态。这样，玻璃杯就因受到内膨胀力的挤压，当场破裂。因此，在倒开水前应事先将玻璃杯预热一下，就可避免这种现象的发生了。

学以致用

购买玻璃杯的时候不要以为越厚越好，越是厚的玻璃，倒入热水后，玻璃里外发生热胀冷缩的比率越不一样，因此也越容易破碎。

180. 爆裂的石头

游戏痴迷指数：★★

小不点的疑团

冬天，你可以不用什么工具就让大块石头裂开吗？

工具潘多拉 冻透了的石头、开水

游戏对对碰

（1）在冬天的屋外找一块冻透的石头。

（2）用开水浇在石头上，石头会轰然一声爆裂。石头为什么会爆裂呢？

聪明博士的答卷

原来，石头之所以会爆裂，是因为开水的浇灌使石头的外表迅速升

温，以比石头内部更快的速度膨胀。这样产生的不同张力，使得石头爆裂开来。以同样的方式也可以使厚玻璃酒杯爆裂，只要在杯里倒入过热的液体。由于玻璃的导热能力差，因此就出现了各层次的不同膨胀而导致爆裂的现象。

181. 举手知风向

游戏痴迷指数：★★★

小不点的疑团

在一个风很小的日子里，你能想出什么办法来确定风向呢？哈哈，想不到吧！还是跟我来吧！

工具潘多拉 装有水的盆

游戏对对碰

伸出你的一只手，将它浸在水中，然后高高举起。几分钟后，你的手哪一面感到凉一些，就表示风是从哪个方向吹过来的。就这么简单，你想到了吗？

聪明博士的答卷

蒸发，这一现象在我们的生活中很常见，因为它可以在任何温度下进行。蒸发的时候，有一部分热量会散发到空气中去，所以蒸发能使液体的温度降低。液体蒸发的快慢与液面水蒸气排除的快慢有关。所以液体在迎风的时候要比在背风时蒸发得快。将潮湿的手高举起来判断风向正是利用了这一原理。

学以致用

根据蒸发制冷的原理，可以制造一种不用冰的"冰箱"来保存食物。这种冰箱的构造很简单。先用白铁皮做成箱子状，箱子里装有架子，箱顶上放一个长方形容器，容器里盛满清洁的冷水；拿一块粗布，把它的一端浸在容器里，让布的其余部分顺着箱子的后壁往下垂，使另一端落在箱子下面的另一个容器里。粗布浸透水以后，水就会像通过灯芯一样，不断地从粗布上通过。这时水会慢慢蒸发，致使箱子里的空气变冷。

不过，这种"冰箱"应该放在室中凉爽通风的地方，并且要定时添加冷水。

182. 不怕火的手帕

游戏痴迷指数：★★★★

 小不点的疑团

我们知道，手帕一碰到火，就会被烧坏，可这个游戏却让你见识到不怕火的手帕。这究竟是怎么回事呢？

 工具潘多拉 棉质手帕、1元硬币、火柴、香烟

 游戏对对碰

（1）用手帕把硬币紧紧地包起来。

（2）点燃香烟，使其接触包裹着硬币的手帕位置，而手帕并没有烧着。

（3）将硬币取出，直接用香烟接触手帕，手帕便被烧着了。

 聪明博士的答卷

包裹着硬币的手帕受热时，部分热量会传导到硬币上，将热量分散，因此不容易烧起来。而没有包裹硬币的手帕，热量无法传送，因此容易被烧坏。

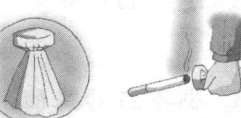

183. 自制热气球

游戏痴迷指数：★★★★

 小不点的疑团

你知道热气球的原理是什么吗？还是自己来动手制作一个吧！

 工具潘多拉 小蜡烛、塑料袋、纸杯、透明胶带、剪刀、火柴、4根细线

 游戏对对碰

（1）用剪刀从距纸杯底约1厘米处剪开，保留下面的底，把蜡烛固定在底座中央。

（2）将塑料袋开口的四端分别用透明胶带把4根细线与其固定，细线的下端同样用透明胶带与纸杯的底座固定，做成一个简易的热气球。

（3）点燃蜡烛，把塑料袋轻轻拉起，发现塑料袋自己张开了，甚至慢慢升起。

聪明博士的答卷

塑料袋自己张开，不是受风的影响，而是点燃蜡烛后，产生了热气流。热气流的上升作用，使塑料袋张开了。

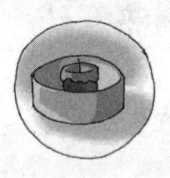
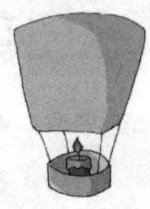

学以致用

仔细分析上面的简易热气球，发现它与真正的热气球的原理是一样的。热气球升降自由的原因就是燃烧器的点燃或熄灭。飞行员在气球吊篮内，操纵着燃烧器的燃气开关，随时调整热气球囊体内的气温，从而操纵热气球上升或下降。游戏中点燃的蜡烛就相当于一个燃烧器。

184. 烧不坏的纸盒

游戏痴迷指数：★★★★

小不点的疑团

在平常，点燃的蜡烛能够轻易让纸盒着火，但这个游戏却会让纸盒烧不坏。这又是怎么回事呢？

工具潘多拉 硬纸板、胶水、细绳、蜡烛、火柴、冷水

游戏对对碰

（1）把硬纸板折出一个盒子的模样，用胶水粘好，确保纸盒不会漏水。

（2）在纸盒上拴上细绳，悬挂起来，并注入冷水。

（3）将蜡烛点燃，放在纸盒下方。不用几分钟你就会发现，水开始沸腾了。

（4）将蜡烛熄灭，倒掉热水，发现纸盒并没有被烧坏。真奇怪！

聪明博士的答卷

物体在吸收热量的时候，它的温度会升高，但是两种物体一起吸收热量时，会有吸收强弱的差异。水比纸盒的吸热能力强，它把火传递给纸盒的热能抢走了，所以纸盒才能安然无恙。

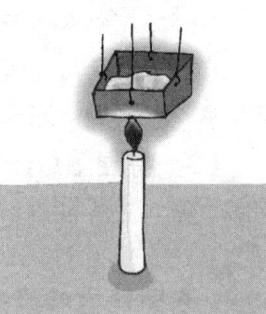

185. 冻豆腐上面为什么有小孔

游戏痴迷指数：★★

小不点的疑团

冻豆腐是我很爱吃的一种食物，但我发现，冻豆腐上面有许多小

孔，呈蜂窝状，那是为什么呢？

工具潘多拉 新鲜豆腐、家用冰箱（如果天气冷的话，也可用塑料袋装好，放在室外）

游戏对对碰

把豆腐放入冰箱中，一天之后，新鲜豆腐就变成了蜂窝状的冻豆腐。

聪明博士的答卷

豆腐内部有无数的小孔，这些小孔大小不一，有的互相连通，有的闭合成一个个小"容器"，这些小孔里面充满了水分。我们知道，水有一种奇异的特性：在4℃时，它的密度最大，体积最小；0℃时，结成了冰，它的体积不是缩小而是胀大了，比常温时水的体积要大10%左右。当豆腐的温度降到0℃以下时，里面的水分结成冰，原来的小孔便被冰撑大了，整块豆腐就被挤压成网络状。等到冰融化成水从豆腐里流出来以后，就留下了数不清的孔洞，使豆腐变得像泡沫一样。冻豆腐经过烹调，孔洞里灌进了汤汁，吃起来不

但富有弹性，而且味道格外鲜美可口。

学以致用

很早以前，我国人民就已经懂得了冰冻膨胀的原理，并利用它来开采石头：冬天，人们往岩石缝里灌满水，让水结成冰膨大，把巨大的山石撑得四分五裂，便能采到大量的石料。

186. 会长高的水

游戏痴迷指数：★★★★

小不点的疑团

我们知道，生物从小长到大要攫取食物和能量。可是你知道吗？水也会长高的。究竟水是怎么长高的，我们还是听听聪明博士是怎么说的吧！

工具潘多拉 塑料瓶、家用冰箱、水

游戏对对碰

（1）往塑料瓶里倒满水，水要溢满到瓶口。

（2）把装满水的瓶子放到冰箱里冷冻。

（3）第二天早上，把瓶子取出，你会发现瓶子里的水变成了冰，而且

还长高了，冒出了瓶口。为什么瓶里的水会长高呢？

聪明博士的答卷

大家都知道，很多物体都有热胀冷缩的性质，可是有一样东西是例外的，那就是水。水遇冷结冰后体积会膨胀。因为冰比液体时的水占有更多的空间，所以冰会从瓶子里长出来。

 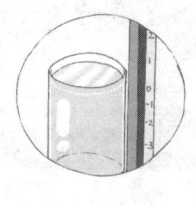

187. 如何冷却开水

游戏痴迷指数：★★★

小不点的疑团

有时候家里只有热开水，但渴的时候只想喝凉开水。有没有办法能比较快速有效地让开水冷却呢？

工具潘多拉 一套同样质地的玻璃杯（6个）

游戏对对碰

（1）第一种方法，把开水平均注入5个杯子中，每个杯子分配到1/5杯开水。

（2）第二种方法，先将满杯开水注入第二个杯子，等到杯子不再吸热（玻璃的温度升至等于水温）时，再将第二个杯子里的水注入第三个杯子，如此类推，最后注入第六个杯子。

聪明博士的答卷

不论采用哪种方法，当杯子注入开水后，杯子的温度升高而开水的温度降低。等杯子的温度和水的温度相等时，就停止吸热了。

实验可知，采用第二种方法，可以使开水失去较多的热量，也就是降低较大的温度。

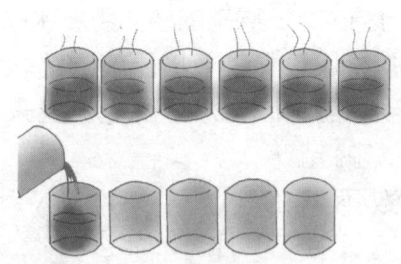

第六篇

电磁游戏

力与运动本没有什么深仇大恨,可它们聚在一起就发生了很多问题:摩擦力、压力、重力等一系列问题,像一团乱麻一样堆在大家面前。关于力与运动这一章没有学好的同学,那就自己动手在游戏中把这一课补上吧!

188. 纸蝴蝶飞起来

游戏痴迷指数：★★★★★

小不点的疑团

蝴蝶，是自然界最美丽的昆虫，它翩翩起舞的姿态很让人羡慕。那么，自己制作的纸蝴蝶也能飞起来吗？

工具潘多拉 彩色薄纸、有机玻璃棒、毛料织物、剪刀

游戏对对碰

（1）用剪刀在彩色薄纸上剪几只小蝴蝶。

（2）将有机玻璃棒在毛料织物上使劲摩擦，让它产生静电（判断是否能产生静电，可以看它能不能吸附在衣服、门等物体上）。

（3）用带电的有机玻璃棒靠近纸蝴蝶，这时纸蝴蝶就能翩翩起舞了。

聪明博士的答卷

有机玻璃棒与毛料织物摩擦过程中产生的静电是负电荷，而纸蝴蝶所带的电荷正负平衡，所以当它们互相靠近时，有机玻璃棒上的负电荷会吸引纸蝴蝶中的正电荷，将它们拉过来，我们就能看到蝴蝶"翩翩起舞"了。

学以致用

生活中还有很多这样带电荷的情况，比如冬天的夜晚，我们脱毛衣的时候，可以看到亮闪闪的静电放电发光，还能听到噼里啪啦的声音。请多多注意观察吧！

189. 自制漂亮的电火花

游戏痴迷指数：★★★★

小不点的疑团

每逢重大节日的宴会上，走廊或者门窗上可以悬挂一些漂亮的电火花，以增加节日气氛。想不想自己也制作电火花呢？

工具潘多拉 玻璃板、2根电线、几根铅笔芯、一节9伏电池或者6节1.5伏电池

游戏对对碰

（1）将铅笔芯研磨成细碳粉，在玻璃板上铺上长而窄的细碳粉。

（2）把电池一端和细碳粉一端

用一根电线相连。

（3）关闭室内光源，用另一根电线连通电池和细碳粉的另一端，此时细碳粉间就会产生一些跳跃的电火花，此起彼伏，十分好看。如果没有产生火花，可能是因为电压太低，细碳粉太多，需要增加电压。而这些电火花是从哪里来的呢？

 聪明博士的答卷

这是因为气体导电的结果。碳粉通上电就产生了热，使碳粉产生了"蒸气"，并布满碳粉之间。电流通过碳蒸汽产生电弧光，就形成了跳跃的电火花。

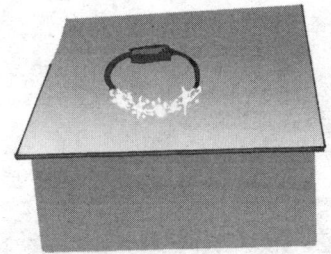

学以致用

气体的这种导电性是制造霓虹灯的原理，灯管中充入不同的稀有气体，两端装有电极，气体就会在灯管中发出各种各样的光。比如氩气能发出蓝灰色的光，氖气能发出橘红色的光……

190. 带电的糖

游戏痴迷指数：★★★★

 小不点的疑团

聪明博士说糖也会带电，这是真的吗？

工具潘多拉 带窗帘的房间、2块方糖

 游戏对对碰

（1）关掉房间内的光源，拉上窗帘，让眼睛适应黑暗。

（2）取2块方糖，像擦火柴一样迅速摩擦两块方糖，或用一块敲击另一块，2块方糖碰撞的时候，你能看到微弱的光芒。

 聪明博士的答卷

这是关于压电现象的游戏。自然界中有些固体介质当被挤压、拉长时，晶体会产生极化，在相对的两面上产生异号束缚电荷。糖的晶体就有这种特性。在糖分子中都存有化学能，敲击两块方糖时，压力的作用能将化学能转化为光能，因而能够看到火花。

191. 有趣的静电游戏

游戏痴迷指数：★★★★★

小不点的疑团

电器接通电源的时间长了，也会产生静电。你可别小看这些静电，稍微一变化，就能产生大用处。

工具潘多拉 电视机、干净的布、粉扑、滑石粉（也可用痱子粉代替）

游戏对对碰

（1）用布将电视机的屏幕擦干净，将电视机打开。半个小时之后，关闭电视机，然后用手指在电视机屏幕上写字。

（2）用粉扑蘸一些滑石粉在电视机屏幕上抖动，使得粉尘吹向电视机。你会发现粉尘被电视机迅速吸附过去，但是写过字的地方却留下了空白。这是为什么呢？

聪明博士的答卷

当我们打开电视机的时候，屏幕上充满了静电，即使关闭电视机它仍会在屏幕上停留一段时间。我们在屏幕上写字，手指触碰到的地方会把静电抹掉。所以往上面吹滑石粉时，只有充满静电的地方能吸附粉尘，不带静电的地方则不会沾上滑石粉。

学以致用

这个跟静电复印机的原理是一样的。早期的复印机采用直接复印，先让复印纸按图画文字的深浅，分别带上相应的静电电荷。深处电荷密，浅处电荷稀，从而形成一张与图画文字相对应的静电图像。然后一种黑色的墨粉末直接被静电图像吸引，通过定影，最后成为一张图画文字的复印品。

192. 硬币发电

游戏痴迷指数：★★★★

小不点的疑团

普通硬币也可能产生电流，知道是怎么回事吗？

工具潘多拉 1元和5角的硬币若干（不少于20个）、盐水、小纸片若

干、2根导线、电流表

 游戏对对碰

（1）将硬币依次间隔地摞在一起，每2枚硬币之间夹一张用盐水浸湿的小纸片。一般不少于20层，层数越多效果越明显。

（2）用导线连接"硬币柱"两端，再接到灵敏的电流表上，可以明显地看到表针偏转，证明已有电流存在了。

 聪明博士的答卷

由于1元和5角的硬币分别是由铁和铜铸造的，铜和铁这两种不同金属的原子核外的自由电子的活性是不同的。浸了盐水的纸片隔在其中，起到了电解液和输送电荷的作用。电荷就在这两种金属之间运动产生电流，层数越多，电压越高，参与流动的电荷也越多，电流就越强。

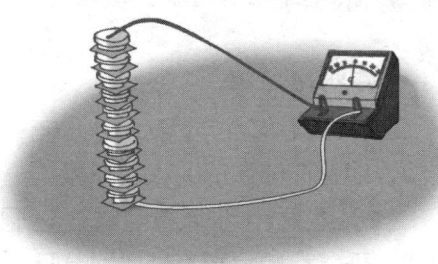

193. 挑拣比赛

游戏痴迷指数：★★★★★

 小不点的疑团

把粗盐粒和胡椒粉掺和在一起，你能很快把它们再分开吗？

工具潘多拉 粗盐粉、胡椒粉、塑料汤勺

 游戏对对碰

（1）和你的小伙伴每人用一勺粗盐粒、一勺胡椒粉混合在一起，并搅拌均匀。

（2）在一个规定的时间里开始，看谁能先把粗盐粒和胡椒粉分开来。这可是一个巨大的工程哦！一粒一粒挑是不可能取胜的。你想到什么好办法了吗？

 聪明博士的答卷

你可以运用你所学到的静电知识，把塑料汤勺先在毛衣或别的毛料织物上摩擦一会儿，然后把汤勺逐渐靠近粗盐粒和胡椒粉的混合物。这时，胡椒粉就会跳起来吸附在塑料汤勺上。用这个方法，你会很快把粗盐粒和胡椒粉分开。这是因为塑料汤勺经过摩擦后带有电荷，产生了吸引

力，胡椒粉比粗盐粒轻，所以容易被吸起来。注意：不要把塑料汤勺放得太低，否则粗盐粒也会被吸起来。

194. "口渴"的气球

游戏痴迷指数：★★★★

 小不点的疑团

我们知道，气球摩擦后，会吸附纸屑等微小物体。那么，它能吸附水吗？

工具潘多拉 气球、干毛巾

 游戏对对碰

（1）吹大气球，将它与干毛巾相互摩擦。

（2）打开水龙头，放出一小股水柱，慢慢地让气球靠近水柱，让气球喝水。

（3）此时，你会发现：当气球靠近水流时，水被吸引，开始向气球的方向略微倾斜；当气球差不多碰到水柱时，一些水滴就会飞起来溅落在气球上。难道气球也口渴？

 聪明博士的答卷

原来当你摩擦气球时，也就是在使它带有来自干毛巾上的电荷，即带电粒子转移到了气球上。于是，气球的表面布满了电荷，正是这些越积越多的电荷吸附了水滴。所以，你才会看到气球"喝水"的样子。

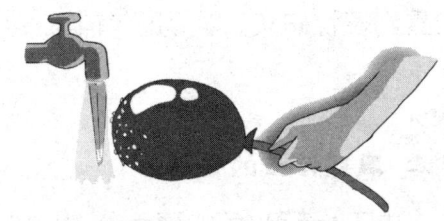

195. 相吸和相斥

游戏痴迷指数：★★★★

 小不点的疑团

两个轻轻一扎就会破的气球在没有施加任何力量的情况下，它们自己会动。你相信吗？

工具潘多拉 2个气球、细绳

 游戏对对碰

（1）吹起2个气球，用细绳系住口，使劲在你穿的毛衣上摩擦。

（2）然后用手牵着细绳让它们自然下垂，它们会相互排斥而分开。

（3）和你身上的毛衣靠近时，会发现气球被吸附过去了。小气球会自己分开，是不是很奇怪，一定和毛衣有关！

聪明博士的答卷

通过摩擦，2个气球都带上了毛衣上的电荷，即均带负电荷。由于同性相斥，故2个气球相互排斥分开。但毛衣由于刚才被取走了电荷，故带正电荷，正电荷和负电荷是相吸的，所以2个气球可以贴在你的毛衣上。

196．"调皮"的纸屑

游戏痴迷指数：★★★

小不点的疑团

平时没有作业的时候，我最喜欢玩科学游戏，提高我的动手能力。可有一次，当我玩弄小纸屑时，它特别"调皮"，这是怎么回事呢？

工具潘多拉 碗、碎纸屑、塑料小勺、羊毛衫

游戏对对碰

（1）在碗里放一些碎纸屑。

（2）拿一把塑料小勺在羊毛衫上摩擦几下。

（3）将塑料小勺放在碗口的上方，你会发现碎纸屑会争先恐后地粘到塑料小勺上。过了一会儿，碎纸屑又都会蹦蹦跳跳地离开。

聪明博士的答卷

原来，塑料小勺在羊毛衫上摩擦之后就会带上静电，碎纸屑的质量比较小，所以静电会把碎纸屑吸引到它的周围。但是过一会儿，塑料小勺上的电荷就会转移到碎纸屑上。这样碎纸屑和塑料小勺都带上了同样的电荷。根据异种电荷相互吸引，同种电荷相互排斥的原理，碎纸屑又会蹦蹦跳跳地离开塑料小勺。

197. 直立的圆珠笔

游戏痴迷指数：★★

小不点的疑团

圆珠笔摇摇摆摆地直立在笔架前面不倒下，你感到奇怪吗？这是在表演魔术吗？

工具潘多拉 旧牙刷、美工刀、小锯、电吹风（也可用煤气炉代替）、502胶水、2块小磁铁、一块40毫米×50毫米的有机玻璃

游戏对对碰

（1）用美工刀把旧牙刷齐根切去毛刷。

（2）在锯掉牙刷柄尾部有孔的一段后，磨平截面。

（3）在距头部25毫米的地方用电吹风加热，使牙刷柄软化后弯成直角，然后在弯折的指定位置（如图）用502胶水固定一块小磁铁。

（4）将有机玻璃边缘磨光，做笔架的底板。

（5）把做好的笔架用502胶水固定在底板中央。

（6）再沿着笔架顶端磁铁中心位置，在底板与磁铁中心垂直对应的位置钻一个2毫米的凹孔。

（7）在圆珠笔顶端用502胶水粘上一块小磁铁，要求笔架和笔上的磁铁粘接面的极性相同。

（8）把圆珠笔直立，使笔尖插在底板凹孔里，圆珠笔就会摇摇晃晃地站在笔架前面了。

聪明博士的答卷

这个游戏的原理其实很简单，因为笔架和笔杆顶上的小磁铁极性相同，同性相斥，于是圆珠笔就被"钉牢"在底板上了。

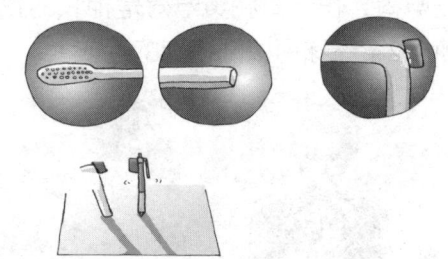

198. 魔力吸管

游戏痴迷指数：★★★

小不点的疑团

我发现一个塑料吸管在衣服上摩擦几下后就可以把小纸屑吸起来了！真是神奇呀，其中有什么物理原理呢？

工具潘多拉 塑料吸管、报纸

游戏对对碰

（1）在报纸上裁剪下一小块，

把它卷裹在塑料吸管外面。

（2）左手拉住吸管一端，右手捏住报纸卷，将吸管与报纸来回摩擦多次。

（3）拉出吸管，竖着贴在右手手掌上，再松开手。这时你会惊奇地发现，吸管好像受到一股魔力支配，紧贴在右手掌上不掉下来。

聪明博士的答卷

这是由于报纸和吸管摩擦后，吸管带上了大量负电荷，而吸管是用绝缘性很好的塑料制作的，电荷不会流失，因此能吸附在手掌上。另外，它也能被书本、有机玻璃等物体吸住，你不妨也试一试。

199. 会跳舞的纸娃娃

游戏痴迷指数：★★★

小不点的疑团

平时，我们只在电视上或者舞台上见过活灵活现的舞蹈演员，但从没见过会跳舞的纸娃娃。现在，自己动手做一个纸娃娃吧！

工具潘多拉 火柴盒、较长的漆包线、细铁丝、透明胶带、1.5伏干电池、剪刀、硬纸板

游戏对对碰

（1）用剪刀把硬纸板剪成一个纸娃娃。注意：纸娃娃要左右对称。

（2）用漆包线绕火柴盒24圈，并且两端各留出10厘米的长度作为接头。

（3）把6厘米长的细铁丝拧弯（如图），前后穿过火柴盒（稍稍比火柴盒长一点，在火柴盒外边留出一小截），与线圈形成垂直的位置。

（4）用胶带将纸娃娃固定在火柴盒外边的铁丝上，保持平衡。

（5）将线圈一端用胶带粘在电池负极上，拿着线圈的另一端断断续续去触击电池正极，纸娃娃就开始不停地跳舞了。

聪明博士的答卷

线圈的一端断续接触电池，致使线圈断续通电。当有电流经过线圈时，它的周围会出现磁场，电流时断时续，使得磁场强度不断变化，导致细铁丝出现一吸一放的情况，粘贴在上面的纸娃娃也就随之跳起舞来了。

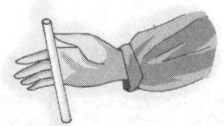

200. 寻宝游戏

游戏痴迷指数：★★★★★

小不点的疑团

寻找宝藏的活动经常能在电视里见到，那么我能在家里导演一个寻宝游戏吗？

工具潘多拉 磁铁、沙子、玻璃缸（也可用敞口的鱼缸代替）、吸管、绿色的纸、铁制螺丝钉

游戏对对碰

（1）将沙子倒入玻璃缸中，稍微堆起来，当作是一个岛屿。

（2）将绿色的纸撕成若干小细条，插在吸管中间。然后把吸管插在沙子堆中，当作岛上的椰子树。

（3）把螺丝钉埋在沙子中（注意不要埋得太深）。

（4）拿起磁铁，沿着沙子一步一步搜寻宝藏，不一会儿就能把所有的宝藏都找出来了。哈哈，好有意思！

聪明博士的答卷

宝藏之所以被磁铁找到，是因为螺丝钉是铁制的，容易被磁铁吸引。而当我们利用磁铁在沙子上均匀移动时，一旦移动到螺丝钉上方，就能轻易将螺丝钉吸引上来。不要小瞧磁铁，它不仅可以穿透硬纸板、木板，也能穿透沙层。

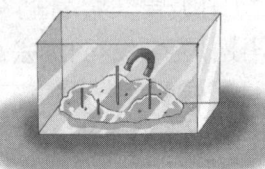

学以致用

平日里，如果缝纫针不小心掉在地上一时找不到，可以用磁铁来帮忙。当你拿着磁铁沿途搜寻时，缝纫针很快就能找到了。

201. 能验电的小球

游戏痴迷指数：★★★

小不点的疑团

我们知道物体摩擦可以带电，有没有简单的方法可以验证是否真的带上电了呢？

工具潘多拉 泡沫塑料（也可用晒干的高粱秆芯或者玉米秆芯）、锡纸（废弃的香烟盒衬就是锡纸）、丝线、实验支架、塑料尺

游戏对对碰

（1）把泡沫塑料做成小球，在小球外面包裹上一层锡纸。

（2）用丝线将小球悬空挂在支架上。简单的验电仪器就算是制成了。

（3）拿普通的塑料尺靠近小球，观察小球，没有发现异样。

（4）把塑料尺的一端在头发上摩擦几下之后再靠近小球，你会发现小球主动往塑料尺这边靠近，然后又迅速分开。这是怎么回事呢？

 聪明博士的答卷

第一次用塑料尺去靠近小球，因为双方都没有带电，所以没有反应。第二次塑料尺因为带了电，所以对正负电荷平衡的小球来说，它形成了一个吸引力。但小球跟塑料尺接触后，又带上了塑料尺的电荷，带相同电荷的物体相互排斥，带不同电荷的物体相互吸引。

202. 自来水会拐弯

游戏痴迷指数：★★★

 小不点的疑团

听聪明博士说，自来水在倾泻而出的时候会拐弯，这我可从来都不知道。该不会是聪明博士骗我吧？

工具潘多拉 毛料织物、塑料调羹

 游戏对对碰

（1）用毛料织物摩擦塑料调羹使其带电。

（2）把水龙头打开少许，将调羹靠近细细的水流。

（3）你看——水流拐弯了，正向着调羹靠近。

 聪明博士的答卷

这是一个静电现象。首先，摩擦使调羹带了电，带电的调羹对不带电的水流产生了吸引力，使水流向调羹的方向倾斜。可一旦调羹碰上了水流，这个魔术立即就会失效。水是导体，会把电荷从调羹上传导走。即使是飘浮在空中的水汽也能够带电，所以这个静电试验最好在汽候干燥的条件下进行。

203. 醋电池

游戏痴迷指数：★★★★

小不点的疑团

电池是怎样工作的呢？为什么一接上电线，灯泡就能亮呢？我还是去问问聪明博士吧！

工具潘多拉 小灯泡、2根电线、玻璃缸、醋、铜片、锌片、回形针

游戏对对碰

（1）将小灯泡插在灯座上，两端各连接一根电线。

（2）在玻璃缸中倒入醋作为电池的电解质。

（3）将2根电线的另外两端用回形针分别固定在一片铜片和一片锌片上。

（4）把铜片和锌片放入醋中，灯泡就会发亮了。

（5）取出铜片和锌片，只将电线两端放入醋中，灯泡则不亮了。

聪明博士的答卷

玻璃缸里面装上醋是模拟我们平时用的干电池，干电池的锌片内包含有电解质和带微孔的碳棒，化学反应之后就产生了电。玻璃缸中的锌片和铜片在醋中发生电化学反应而产生电流。去掉铜片和锌片，电解质就无法发挥作用了，小灯泡自然不发光。

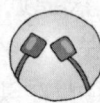

204. 自制指南针

游戏痴迷指数：★★★★★

小不点的疑团

在陌生的环境中，指南针能起到很好的指示作用，让我们也来做一个指南针吧！

工具潘多拉 2根缝衣针（或钢针）、条形磁铁、子母扣、大头针、厚纸片

游戏对对碰

（1）把2根缝衣针并排放在桌上，用条形磁体的一个极沿同一方向摩擦数十次，使它们磁化，成为磁针。

（2）把这2根磁针平行地穿过子母扣的四孔中。穿针前要先将子扣捏瘪些。

（3）把一根大头针刺过厚纸片，使大头针竖立着，针尖向上。将穿好磁针的子扣顶在针尖上。调整磁针的位置，使磁针能和子扣一起水平地自由转动。根据磁针静止时的指向确定它们的南北极。这样，指南针就做好了。

聪明博士的答卷

地球是个大磁体，其地磁南极在地理北极附近，地磁北极在地理南极附近。指南针受地球磁场力的作用，所以它会一端指南，一端指北。

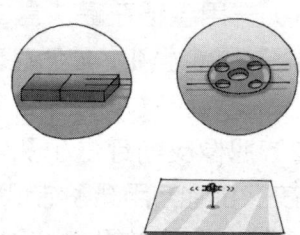

205. 磁铁失灵

游戏痴迷指数：★★★

小不点的疑团

自然界的磁铁与铁是一对亲密的兄弟，一见面就拥抱在一起。可你知道吗，磁铁也有失灵的时候。

工具潘多拉 条形磁铁、火柴、蜡烛、大头针、夹子（注意：夹子一定要有非热导性材料制作的手柄）

游戏对对碰

（1）用火柴点燃蜡烛。

（2）用夹子夹起磁铁在烛火上烧，5分钟后取下，放在一边自然冷却。

（3）大约15分钟以后，用磁铁去吸桌子上的大头针，发现磁铁一根大头针都吸不上来，完全失灵了。这是怎么回事呢？

聪明博士的答卷

这是一个关于磁铁磁性消失的游戏。磁铁之所以具有磁性，是因为磁铁中的铁原子是很有规则地排列的。然而，当磁铁受热后，铁原子的规则排列就被打乱了，因而也就失去了原有的磁性。

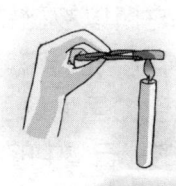

206. 会动的铅笔

游戏痴迷指数：★★★

小不点的疑团

像铅笔这样没有长腿的文具，只有在我们人类的手里才能被灵活地运用。但博士昨天给铅笔一个小东西，就让铅笔自己动起来了。真是不可思议！

工具潘多拉 六棱形杆铅笔、圆杆铅笔、强磁铁

游戏对对碰

（1）把一支六棱形杆铅笔放置

在桌子上，然后在它的上面放一支圆杆铅笔，使其在上面保持平衡。

（2）用一块强磁铁小心接近铅笔尖，铅笔就会转向磁铁。是什么力量使得铅笔改变了方向呢？

聪明博士的答卷

铅笔之所以被磁铁吸引，是因为铅笔芯中的石墨被磁铁吸引。小小的石墨吸引力虽然弱于铁器，但原理是一样的：石墨中的微小原始磁颗粒，本来排列混乱，通过强磁铁的磁场使其有序排列，出现南北两极，随之被吸引。

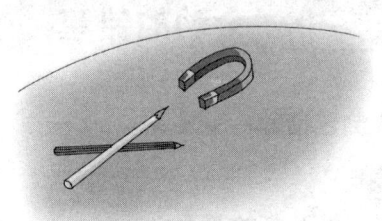

207. 自动回转的罐头盒

游戏痴迷指数：★★★★★

小不点的疑团

罐头盒在我们生活中经常见到，它圆滚的样子很可爱。可聪明博士在它身上装了一个小东西后，它就像机器人一样自动回转。这是怎么回事呢？

 工具潘多拉 罐头盒、橡皮筋、螺丝帽、手钻、绳子

 游戏对对碰

（1）先用手钻在罐头盒的底部和顶部各钻2个小孔，然后在罐头盒的中央开一个直径为2厘米的洞。

（2）把橡皮筋穿进小孔中，在橡皮筋交叉的地方用绳子结起来，然后在上面拴一个螺丝帽。

（3）当把罐头盒放倒在地上时，你把它从身旁推开，它滚动一会儿就会停下来，接着自己又会往回滚。

聪明博士的答卷

因为螺丝帽较重，一直停在悬垂点的下面，不随罐头盒一起转动，这就把橡皮筋逐渐缠绕起来。橡皮筋缠绕到一定时候就限制了罐头盒的滚动，最后橡皮筋上积蓄的能量又把罐头盒拉了回来。

第七篇

生物世界

　　从形态各异的动物世界到美丽多姿的植物世界，大自然赋予了人类许多神奇的事情：比如会"流血"的花、永不凋落的树叶、会生根的蛋壳等都让人无比欣喜。本章搜集了青少年最爱玩的生物类游戏，以全新的角度为青少年朋友打开视野，让大家在游戏中感受学习的乐趣。

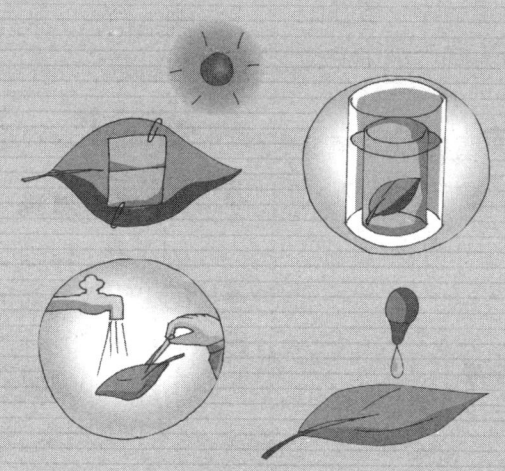

208. 会生根的蛋壳

游戏痴迷指数：★★★

小不点的疑团

光溜溜的鸡蛋壳也能生根，真是很奇怪！这究竟是怎么回事呢？

工具潘多拉 太阳花种子、鸡蛋壳、玻璃杯、土壤、水、小筛子

游戏对对碰

（1）把太阳花种子放在一个玻璃杯中，然后向玻璃杯中注入适量的水，让种子浸泡一夜。第二天，用筛子把种子从玻璃杯中滤出，放在一边备用。

（2）在鸡蛋壳中加入一半比较湿润的土，然后把太阳花种子埋进土里。

（3）将玻璃杯中的水倒掉，把蛋壳小心地立放在玻璃杯中，放在阳光充足的阳台上。每天向土壤中浇少量的水。

（4）五天后，把蛋壳从玻璃杯中取出来。这时，你会发现太阳花的根从蛋壳底部钻出来了。是不是很神奇呀！

聪明博士的答卷

太阳花的种子在湿润的土壤中发芽，并且在土壤中扎根下来，从土壤中吸收水分和营养。渐渐地，茁壮成长的胚根就像一根根强有力的针，从蛋壳中穿透出来，看起来好像是蛋壳生了根一样。

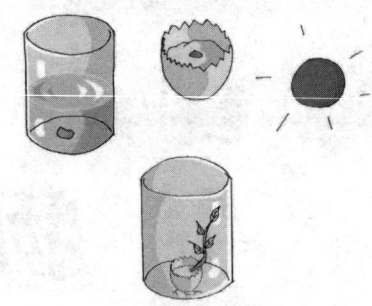

209. 不怕摔的蚂蚁

游戏痴迷指数：★★★

小不点的疑团

伙伴们常说蚂蚁的力量非常大，我不相信，一只小小的蚂蚁会有什么力量呢？

工具潘多拉 小蚂蚁、白纸

游戏对对碰

（1）在地上铺好白纸，然后把手里的小蚂蚁高高举起，用力摔在白纸上。注意做这个动作时手力要轻，千万不要把小蚂蚁给捏死哦！

（2）小蚂蚁落在白纸上后，仔

细观察，发现小蚂蚁安然无恙，一点都没有受伤的痕迹。

 聪明博士的答卷

　　小蚂蚁不怕摔，是因为小蚂蚁在下落过程中受到了空气阻力的作用。所有的物体下落时都会受到空气阻力的作用，物体越小，其表面积大小与重力大小的比值就越大，阻力越容易与重力平衡。对于小蚂蚁来说，其阻力与重力接近于平衡，所以小蚂蚁下落的速度很慢，不会被摔伤或摔死。

210. 生态瓶

游戏痴迷指数：★★★

 小不点的疑团

　　大自然是一个魔术师，你永远都不知道它下一个要变出什么。别的我就不管了，我最想知道其他生物生活的环境及它们的生活方式究竟是什么样的？

　　工具潘多拉 三个大玻璃瓶、金鱼、水草、胶布

 游戏对对碰

　　（1）把3个大玻璃瓶编上1号、2号和3号，在每个大玻璃瓶中盛上2/3左右没有污染的河水，并加入适量的同样多的泥沙。

　　（2）在1号玻璃瓶中放入一条小金鱼；在2号玻璃瓶中放入一条小金鱼和一棵水草；在3号玻璃瓶中放一棵水草。

　　（3）把3个玻璃瓶分别盖严，并用胶布把它们封好，使之不透气。然后把它们放在有充足光线，但又不被阳光直接照射的地方。

　　（4）经过较长时间再来观察，你会发现：1号瓶内的金鱼死了，因长时间缺少食物、氧气而死亡；3号瓶内水草也死了，因缺少制造"食物"的原料——二氧化碳而死；2号瓶中的水草和金鱼却能正常生长。

 聪明博士的答卷

　　水草利用阳光、小金鱼呼出的二氧化碳和水进行光合作用，产生有机物，放出氧气，提供小金鱼生活所需的食物和氧气；小金鱼的呼吸和排

泄物，又为水草提供了养分和二氧化碳。所以小金鱼只能在与水草一起的情况下生存，它们相互提供对方需要的生存条件。

211. 鸡吃沙子的秘密

游戏痴迷指数：★★★

小不点的疑团

不知你有没有发现，刚从市场上买回来的鸡嘴巴里都含有沙子。难道鸡太饿了，饿得连沙子都敢吃？

工具潘多拉 葵花籽、沙子、玻璃杯、塑料袋、水

游戏对对碰

（1）把葵花籽剥开，取仁儿，将其放进玻璃杯里，用水浸泡30分钟。

（2）30分钟后，把葵花籽仁儿放进装有沙子的塑料袋中。用手揉搓塑料袋，使葵花籽仁儿和沙子相互摩擦。葵花籽，仁儿被沙子磨碎了。

聪明博士的答卷

这个游戏告诉我们：葵花籽仁

儿只有和沙子产生摩擦，才能磨碎。同样道理，鸡之所以喜欢吃沙子，是因为它没有牙齿。吃进去的食物不经过牙齿磨碎而直接进入体内，很难被消化。这时，被鸡吃进胃里的沙子就可以发挥作用了，它们能帮助磨碎食物，使磨碎后的食物更容易被消化和吸收。

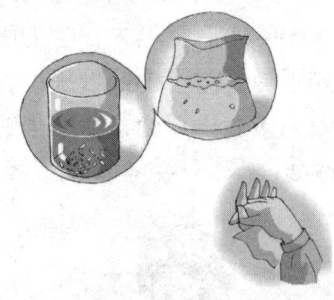

212. 淹不死的青蛙

游戏痴迷指数：★★★

小不点的疑团

青蛙经常在水里钻来跳去，它是不是有什么特异功能，要不然它为什么不会被憋死呢？

工具潘多拉 小铁笼、鱼缸、青蛙、水草

游戏对对碰

（1）把青蛙放在鱼缸中，注入清水，再放些水草，好让水草在阳光

的照射下进行光合作用，以增加水中的氧气含量。仔细观察青蛙会发现它长有两个鼻孔，说明它是靠鼻子呼吸的。

（2）把青蛙放进小铁笼里，再放入鱼缸内让它沉入水底，使青蛙不能用鼻孔呼吸。

（3）几天后，你会发现青蛙仍然活着，没有憋死。这个问题有点难度，还是请教一下聪明博士吧！

 聪明博士的答卷

青蛙是用肺呼吸的，但是肺泡不多，只靠肺呼吸不能满足身体的需要，还要靠皮肤呼吸。青蛙的皮肤里有丰富的毛细血管，能直接同外界进行气体交换，进行辅助呼吸。在水底被罩住的青蛙，不能用鼻孔呼吸了，但可以用皮肤呼吸，维持生命，所以它不会被憋死。青蛙是对人类有益的动物，应该加以保护。做完游戏后，要记得把它放回大自然哦！

213. 金鱼的"智商"

游戏痴迷指数：★★★★★

小不点的疑团

我身边的人都评价我的智商超级高，不知道小动物有没有"智商"呢？

 工具潘多拉 金鱼、蓝色小盘、红色小盘、鱼缸、小棍

 游戏对对碰

（1）在一个鱼缸里用蓝色小盘装鱼食喂鱼。几天之后，金鱼一看到蓝色小盘，即使里面没有食物，也会游过来。

（2）在另一个鱼缸里，用红色小盘装鱼食，但用小棍驱赶金鱼，不让它吃食。

（3）多次这样以后，金鱼一看到红色小盘，就会浮躁不安，四处逃窜。这是为什么呢？

 聪明博士的答卷

这个游戏涉及条件反射，简单说就是出生后经过后天学习而形成的反射。狗听到拍手后会跑来是条件反射。鱼也有条件反射的能力，还有辨别红、蓝颜色的能力。每次喂食用蓝色盘，多次进行，就会使鱼形成条

件反射，一看到蓝色盘就知道有食物吃，即使是蓝色盘里没食物，鱼也会游过来。而红色盘使鱼恐慌也是同样道理。当鱼多次上当之后，已形成的条件反射也会减弱或消退，必须用食物来强化已形成的条件反射。

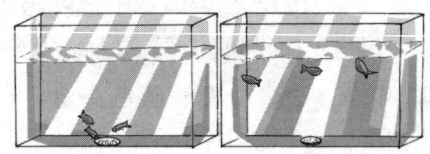

214. 植物也能呼吸吗

游戏痴迷指数：★★★★

小不点的疑团

人是用鼻子和嘴呼吸，植物是通过哪儿呼吸呢？植物也有呼吸道吗？

工具潘多拉 一株栽在花盆里的植物（有10片以上新鲜叶子）、凡士林

游戏对对碰

（1）先在3～5片叶子的正面厚厚地涂一层凡士林。另外3～5片叶子则在背面厚厚地涂一层凡士林（均匀地涂在叶子整个表面）。

（2）连续10天，每天观察叶子的变化。10天之后，我们发现正面涂凡士林的叶子没有什么变化，但背面涂凡士林的叶子发蔫了。这是为什么呢？

聪明博士的答卷

在植物的叶子背面，有叫做"气孔"的呼吸孔。正如我们用鼻子和嘴呼吸一样，植物是通过气孔呼吸的。即通过这个气孔，植物吸进必需的二氧化碳，呼出氧气。因此，在叶子背面涂凡士林会堵住气孔，使气体无法自由出入，叶子便蔫死了。

另外，由于叶子的正面没有气孔，所以在正面涂凡士林，叶子不会发生什么变化。

在家养花草时，用湿抹布擦拭沾在叶子正面的灰尘，并不是为了擦拭气孔，而是为了更好地保证阳光的照射。因为植物只有得到阳光的照射，才能更好地进行光合作用，茁壮成长。

215. 永葆"青春"的西红柿

游戏痴迷指数：★★★

小不点的疑团

西红柿是我们餐桌上最常见的食物，它鲜红的颜色让你垂涎欲滴。那你见过长久保持绿色的西红柿吗？

工具潘多拉 一株正在生长的西红柿、热水

游戏对对碰

（1）找一个正在生长的绿色西红柿。

（2）把挑选好的西红柿放在一碗热水中浸泡三四分钟（注意不要把西红柿摘下来）。

（3）过一段时间再来观察，发现这株西红柿上的其他果实全红了，而这个被浸泡过的西红柿仍然是绿色的。这是为什么呢？

聪明博士的答卷

西红柿本身含有一种叫酵素的物质，它所产生的乙烯气体可以催熟西红柿。而用热水浸泡过的西红柿，损坏了可以产生乙烯气体的酵素，也就阻止了西红柿的成熟。所以当其他西红柿正常成熟的时候，被热水浸泡过的西红柿仍是绿色的。

216. 蝌蚪找妈妈

游戏痴迷指数：★★★

小不点的疑团

生物都有遗传基因，正由于这些遗传基因的存在，才会让我和我的爸爸很相像。那么，蝌蚪的妈妈是谁呢？

工具潘多拉 塑料瓶、胶条、透明膜、橡皮筋、剪刀

游戏对对碰

（1）找一个结实而干净的塑料瓶，把瓶子两端剪掉，然后用胶条把毛边包好。

（2）将透明膜牢牢地包住瓶子的一端，用橡皮筋固定住，以防在观察蝌蚪的时候滑落到水里。

（3）把瓶子蒙着透明膜的一头放在水田里，你应该能看到水里的情景了。春天的时候用这个观察器来观察蝌蚪。靠近水边的时，要千万注意安全哦！

（4）这个观察的过程要不间断，隔一两天就去看看，过一段时间你会发现在你观察蝌蚪的地方出现了一些小青蛙。哦！原来是蝌蚪变成的，现在你知道了吧，蝌蚪的妈妈原来是青蛙呀。怎么样，是不是让你很吃惊呀？

聪明博士的答卷

所有的动物都要经历成长的过程，有些动物天生看上去像它们的父母，有些却与父母极为不同。动物的成长分不同的阶段。人类需好多年才能成年，但是有的动物只需几个月。像蝌蚪只是青蛙生命周期的一个阶段。青蛙在水里产下蛙卵。卵会孵化成生活在水里的蝌蚪。当蝌蚪蜕变掉尾巴，长出腿之后，就变成了既能生活在陆地上又可生活在水里的青蛙。

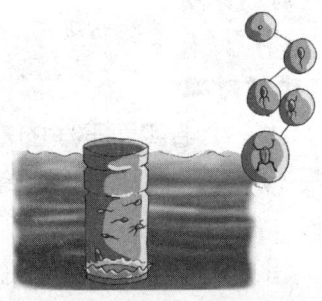

217. 橘子会发出火花吗

游戏痴迷指数：★★★★

小不点的疑团

小橘灯，大家可能都玩过。但这里有一个比小橘灯更好玩的游戏，一起来玩一玩吧！

工具潘多拉 橘子、火柴、蜡烛

游戏对对碰

（1）剥开橘子，留下橘子皮备用。

（2）在一间黑暗的屋子里，点燃蜡烛，将橘子皮靠近蜡烛火焰，然后双手用力挤橘子皮，结果，你不仅可以听见爆裂声，还可以看见漂亮的火花。

聪明博士的答卷

橘皮之所以能在火焰中发出漂亮的火花，是因为它含有丰富的植物油，这种植物油具有很强的挥发性。当靠近蜡烛火焰挤压橘皮时，挥发油会射出并燃烧，迸发出漂亮的火花，同时发出爆裂声。

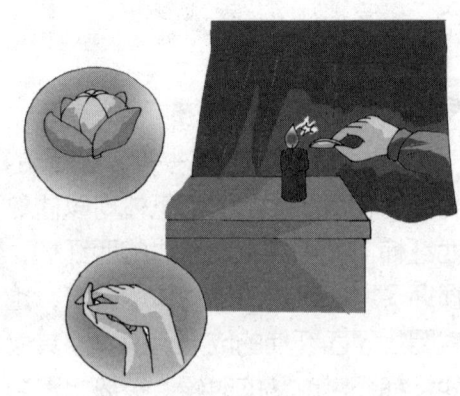

218. 苍蝇的嗅觉

游戏痴迷指数：★★★★★

小不点的疑团

苍蝇是有名的"逐臭之夫"，凡是脏的地方，都有它们的踪迹。但没有"鼻子"的它们是靠什么来捕捉臭味的呢？

游戏对对碰

捉一只苍蝇来仔细研究研究，看它究竟是怎么捕捉臭味的。

聪明博士的答卷

原来，苍蝇的"鼻子"——嗅觉感受器分布在头部的一对触角上。每个"鼻子"只有一个"鼻孔"与外界相通，内含上百个嗅觉神经细胞。如果有气味进入"鼻孔"，这些神经细胞会立即把气味刺激转变成神经电脉冲送往大脑。大脑根据不同气味的物质所产生的神经电脉冲的不同，就可区别出不同气味的物质。因此，苍蝇的触角像是一台灵敏的气体分析仪。

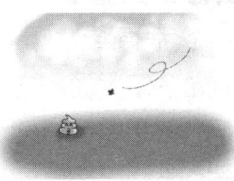

学以致用

根据苍蝇嗅觉器的结构和功能，科学家们仿制成了一种十分奇特的小型气体分析仪。这种仪器的"探头"不是金属，而是活的苍蝇，是把非常纤细的微电极插到苍蝇的嗅觉神经上，将引出来的神经电信号经电子线路放大后送给分析器；分析器一经发现气味物质的信号，便能发出警报。这种仪器已经被安装在宇宙飞船的座舱里，用来检测舱内气体的成分。这种小型气体分析仪，也可测量潜水艇和矿井里的有害气体。利用这种原理，还可用来改进计算机的输入装置和有关气体色层分析仪的结构原理。

219. 变色的虾

游戏痴迷指数：★★★★★

小不点的疑团

我很爱吃虾，但是很奇怪，虾煮熟了以后就变成了红色的。这是为什么呢？

工具潘多拉 活虾若干、锅、燃气灶

游戏对对碰

（1）先观察事先买回来的活虾，

它的颜色是青灰色的。

（2）在锅里加入适量的水，把虾放入锅里，打开燃气灶煮上一会儿。结果，虾全变成了鲜红色。难道虾有变色的本领？

聪明博士的答卷

原来虾的外壳中含有很多色素，色素中大多数都是青灰色的，所以活虾看起来都是青灰色的。一旦把虾放在锅里煮，大多数的色素都会被高温破坏掉，只剩下不怕高温的红色素。因此，虾煮过之后就变成红色的了。

220. 叶片留影

游戏痴迷指数：★★★★

小不点的疑团

把自己的剪影留在叶片上，再镶入镜框里制成精美的工艺品，挂在卧室或放置在写字台上，将是一件十分惬意的事情。按照下面介绍的方法，你就可以如愿以偿了。

 工具潘多拉 从天竺葵植株上选一片形状较好的叶子，准备两张你个人的不透光的剪影，回形针，竹镊子、剪刀各一把，烧杯，碘酒，酒精，盛有热水的盆

游戏对对碰

（1）第一天晚上，将选定的叶片夹在两张上下对齐的剪影中间，用回形针固定。

（2）第二天，将它放在太阳光下（或灯光下）照射几个小时后，取下剪影并剪下叶子。

（3）先把叶子置于装有酒精的烧杯里（叶子必须浸没在酒精里），再把烧杯放在盛有热水的盆里（注意：不能让热水进入烧杯里）。

（4）用竹镊子翻动叶子，当叶子变成黄白色时，取出来用清水冲洗一下，再倒一些碘酒在叶子上，过几分钟后用清水冲洗掉碘酒。此时，你可以看到叶子上已留下了你的倩影，把叶子置于玻璃板上自然风干后，一张精美的叶片留影就做好了。

聪明博士的答卷

原理其实很简单，叶片留影是通过植物的光合作用而制成的。根据以上的制作方法和原理，你还可以制成其他的装饰品。

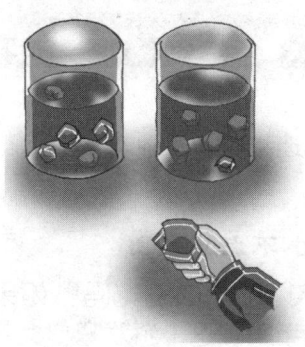

221. 萤火虫为什么会发光

游戏痴迷指数：★★

小不点的疑团

夏天的晚上，经常能看到一闪一闪的萤火虫在周围飞来飞去。萤火虫为什么会发光呢？还是自己动手捉一只来研究研究吧！

工具潘多拉 萤火虫

游戏对对碰

在晴朗的夏夜，伸出你的手捕捉几只萤火虫，仔细观察它们为什么会发出一闪一闪的光。

聪明博士的答卷

萤火虫的发光器位于腹部，从外表看只是一层银灰色的透明薄膜。这个发光器由发光层、透明层和反射层三部分组成。发光层拥有几千个发光细胞，它们都含有荧光素和荧光酶两种物质。在荧光酶的作用下，荧光素在细胞内水分的参与下，与呼吸进来的氧气发生氧化反应，发出荧光。萤火虫的发光，实质上是把化学能转变成光能的过程。由于萤火虫有着不同的呼吸节律，所以会形成一闪一闪的亮光。

学以致用

近年来，科学家先从萤火虫的发光器中分离出纯荧光素，然后又分离出荧光酶，接着，又用化学方法人工合成了荧光素。由荧光素、荧光酶、ATP（三磷酸腺苷）和水混合而成的生物光源,可以在充满爆炸性瓦斯的矿井中当应急灯。

222. 卷曲的茎

游戏痴迷指数：★★★

小不点的疑团

蒲公英是一种很特别的植物，因为它的种子要靠风爷爷去传播。同时它的茎也很特别，竟然能卷曲起来。究竟是怎么回事呢？

工具潘多拉 蒲公英、200毫升的玻璃杯

游戏对对碰

（1）将蒲公英的茎撕成条状。

（2）把蒲公英插入盛有水的玻璃杯中。过几秒钟后，发现刚刚撕开的蒲公英的茎都卷了起来。

聪明博士的答卷

植物贮存水分各不一样，有的贮存在根部，有的贮存在茎部，蒲公英的水分就贮存在茎干里面的肉质细胞里，肉质细胞充满水分后会变得坚强有力，以此来支撑花朵，维持生存。

当把茎干撕开的蒲公英放入水中时，茎干内部的肉质细胞会吸满水分发生膨胀，这就使它比外部的茎干细胞长。当某个柔软的物体一侧比另一侧长时，就会发生卷曲。所以，充分吸收水分后的蒲公英的茎会卷起来。

223. 会"流血"的花

游戏痴迷指数：★★★

小不点的疑团

你见过流血的花吗？如果没见过就动手来做这个游戏吧！

工具潘多拉 白色鲜花、红墨水、小刀

游戏对对碰

（1）将一朵白色鲜花插在红墨水中约两天，直到花朵变色，花茎不再滴水为止。

（2）把花从红墨水中取出，用小刀切去一小截花茎。过一会儿，你就会发现，花茎的切口上会落下点点滴滴的"鲜血"。

聪明博士的答卷

植物通过根和茎内极细的毛细管吸收水分，然后又将这些水分输送到其他地方。将白色的花朵插在红墨水中约两天，花茎充分吸收了红墨水。所以，当我们切开花茎时，茎内的红墨水便如同血液般滴落下来，看起来像是花在流血一样。

224. 会变颜色的绿叶

游戏痴迷指数：★★★★

 小不点的疑团

你见过几种颜色的树叶？绿色是大多数人的答案，红色也会有人回答，但肯定不会有人回答蓝色。可事实上，真的有蓝色的树叶呢！这是怎么回事呢？

工具潘多拉 有水的烧杯、盛有100毫升酒精的烧杯、锡箔纸、火柴、菜豆叶子、碘酒、酒精灯

 游戏对对碰

（1）先用锡箔纸将一片菜豆叶子包住。

（2）在有水的烧杯中滴入几滴碘酒，备用。

（3）过两三天后，摘下那片包过的叶子，并做好标记。同时摘下另一片没有包过的叶子，也同样做好标记。

（4）点燃酒精灯，煮沸烧杯中的酒精。将两片叶子放入正在煮沸的酒精中，煮至叶子失去颜色。

（5）从冷却的酒精中取出叶子，放入含碘酒的溶液里显色。过一段时间后取出叶子，用清水洗去残留液。结果发现：未经处理的叶子变成了蓝色，而包有锡箔纸的叶子不显蓝色。这是怎么回事呢？

 聪明博士的答卷

其实，这和叶子进行的光合作用有关。未经处理的叶子由于光合作用产生淀粉，淀粉遇到碘酒变成蓝色；而包有锡箔纸的叶子由于没有见到光，不能进行光合作用，也就不能产生淀粉。所以叶子不显蓝色。游戏中，把叶子放在酒精中煮，目的在于把叶子中的淀粉解析出来，让叶片变成蓝色。

225. 向日葵的秘密

游戏痴迷指数：★★★★

 小不点的疑团

向日葵，我们大家肯定都见过。但你认真观察过向日葵的生长过程吗？它和太阳之间还有一个小秘密呢！

工具潘多拉 向日葵

游戏对对碰

找一棵正在生长的向日葵，花半天的时间去仔细观察。你会发现，在晴朗的天气中，向日葵一天中会朝向不同的方向，并且一直面朝着太阳。好奇怪啊！向日葵为什么总是面向太阳呢？

 聪明博士的答卷

向日葵之所以跟着太阳转，是因为它的茎部含有一种"植物生长素"。植物生长素特别喜欢背光生长，一遇到光线照射，背光部分的生长素会比向光部分多。所以，当太阳东升时，向日葵花盘下面茎里的生长素集中在背光的一面，并且刺激背光一面的细胞迅速生长。于是，背光一面生长得快，结果使整个花盘朝向太阳弯曲。随着太阳的移动，植物生长素也在不断地背光移动，这样，我们就观察到向日葵花盘总是跟着太阳转。

226. 竖着的耳朵

游戏痴迷指数：★★★

 小不点的疑团

人类的耳朵都是长在脸庞两边的，但兔子的耳朵却和人类的不一样。到底有什么不一样呢？

 游戏对对碰

到动物园或者饲养场，找一只小兔子，仔细观察。你会发现兔子的耳朵不但很长，而且还是长在头顶上的。这是为什么呢？

 聪明博士的答卷

在物竞天择、适者生存的自然界中，兔子属于弱小的动物，很容易成为狐狸、狼、老鹰等动物口中的食物。为了能够及时发现敌人，兔子需要发挥耳朵的作用，让其自如的活动，以便代替眼睛扩大搜索范围。为了让兔子的大耳朵能够自由地前后活动，还是让它长在头顶上比较好，如果像我们一样长在头的两侧，在转头的时候，就会被挡住了，妨碍它发现敌情。

> **学以致用**
>
> 一生下来就在草原上的长颈鹿，刚开始对空旷的草原生活特别不习惯，因为树木既稀疏又高大。为了让自己活下去，长颈鹿只得伸长脖子来吃树上的叶子。久而久之，长颈鹿的脖子就变长了。

227. 嬗变的梨

游戏痴迷指数：★★★

小不点的疑团

你有没有遭遇过这样的事情：明明是刚切开的梨，在桌上放了几分钟，就变成褐色的了。这是为什么呢？

工具潘多拉 梨、玻璃杯、盐水（浓度为1%）、水果刀

游戏对对碰

（1）将盐水倒入玻璃杯中。

（2）用水果刀将梨切成两块，一块置于桌上，另一块放在盐水里浸泡。5分钟后将梨从盐水中取出，发现梨的切面并没有变色；而另一块梨的切面已经变成了褐色。

聪明博士的答卷

原来，梨肉中含有铁元素和酶，它一旦与空气接触，很容易和空气中的氧气结合，形成一种褐色物质。而盐水可以阻止、延缓这种化学反应。所以，放入盐水中的梨的切面没有变色。

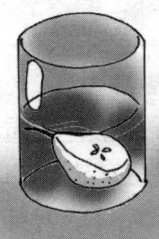

228. 种子为什么不发芽

游戏痴迷指数：★★★★★

小不点的疑团

我们知道，把种子埋在泥土中，种子就会发芽。但如果把种子放在醋中，它还会照常发芽吗？

工具潘多拉 玉米种子、2个小碟子、食醋、纸巾、2个玻璃碗

游戏对对碰

（1）在两个小碟子上各铺一张纸巾，然后在其中的一张纸巾上洒一些水，在另一张纸巾上倒一些食醋。

（2）把玉米种子均匀地撒在2个小碟子的纸巾上，并将2个玻璃碗分别扣在小碟子上，不让水分蒸发掉。

（3）把2个小碟子都放在阳光充足的阳台上。几天后，你会发现洒水的那个小碟子里的种子发芽了，而倒食醋的那个小碟子里的种子没有发芽。这是怎么回事呢？

  聪明博士的答卷

这是因为食醋属于酸性物质。酸性物质对植物的种子萌芽有抑制作用，所以，放在食醋中的种子不会发芽。

229. 葡萄干也会喝水吗

游戏痴迷指数：★★

小不点的疑团

酸甜酸甜的葡萄干，大家肯定都爱吃，但你有没有办法让葡萄干变成水灵灵的葡萄呢？

 葡萄干、玻璃杯、汤匙

 游戏对对碰

（1）先把又干又皱的葡萄干放入玻璃杯中。

（2）在玻璃杯中注入适量的水，让葡萄干浸在水里，并用汤匙搅拌。几个小时后，你就会发现葡萄干喝足了水，全身鼓鼓的，让人见了忍不住要咬上一口。

 聪明博士的答卷

葡萄干是被晒干了的葡萄果实，水分都已蒸发。把葡萄干放入水中，水可以透过表皮进入葡萄干中。葡萄干吸水后就会慢慢膨胀，直到变成一颗颗滚圆滚圆的小葡萄。

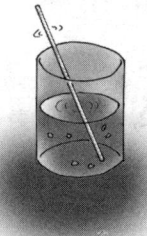 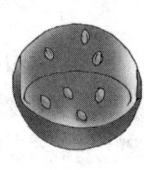

230. 喂养毛毛虫

游戏痴迷指数：★★★★

小不点的疑团

春天，我们会在公园里的花丛中看到无数飞舞的美丽蝴蝶。但蝴蝶是怎么来的呢？

 大纸盒、小刷子、大玻璃罐子、小玻璃瓶、泥土、小石头、锥子

游戏对对碰

（1）春天，邀上几个朋友到郊外找几只毛毛虫，轻轻地用刷子把它刷到纸盒里（记住：①不要让毛毛虫的毛接触到你的皮肤，因为有些毛毛虫的毛会让你的皮肤发痒、难受；②记住你是从什么植物上找到毛毛虫的，这种植物的叶子可能就是毛毛虫最喜欢吃的食物，以后每天就从这种植物上采摘新鲜叶子喂毛毛虫，直到它由虫变成蝴蝶）。在纸盒里铺满它们喜欢吃的叶子，然后带回家。

（2）在干净的玻璃罐底铺上土，放些小石头，再放入装好水的玻璃瓶，将叶子插入瓶里。

（3）把毛毛虫放进罐子里，用锥子在罐子盖上小心地扎几个孔，以便空气流通。

（4）每天给毛毛虫放一些新鲜的叶子，把它们放在阴凉的地方，你可以在那里观察它们的进食和长大。最后它们会变成蛹，然后在蛹里变成一只蝴蝶飞出来，这个由蛹变蝶的过程就叫蜕变（要有耐心哦！因为毛毛虫长大需要好几天的时间，不要忘了每天给它送爱吃的新鲜食物，安静地等待它变成蝴蝶）。

告诉你一个小秘密：越是丑陋、恐怖的毛毛虫就越会变成美丽的蝴蝶。

 聪明博士的答卷

毛毛虫的蜕变过程分为四个过程：①罐子里的毛毛虫；②毛毛虫变成茧；③毛毛虫在茧里改变了形状；④再继续成长，蝴蝶就会飞出来了。

231. 核桃烤香菇

游戏痴迷指数：★★★

 小不点的疑团

什么？核桃能烤香菇？真是太不可思议了。还很香呢！

工具潘多拉 核桃、香菇、锤子、平底锅、金属叉子、火柴、蜡烛

 游戏对对碰

（1）用锤子把核桃砸出裂纹，然后将它固定在金属叉子的尖端。

（2）用火柴点燃蜡烛，把核桃放在火焰上，当核桃开始燃烧时吹熄蜡烛。

（3）将核桃放在平底锅的中心，等核桃火苗稳定后，用叉子插上香菇，放在燃烧的核桃上烤，直到烤熟为止。

聪明博士的答卷

核桃之所以能燃烧，是因为核桃中的含油量很高。当燃烧核桃时，其实燃烧的是核桃中的油，这些油足以烤熟一个香菇。

232. 哪一端是头，哪一端是尾

游戏痴迷指数：★★★★

小不点的疑团

你玩过蚯蚓吗？浑身上下又红又滑，用手一摸又有点恶心的蚯蚓，不动的时候是很难分辨哪一端是它的头部，现在教你一个辨别的方法。

工具潘多拉 蚯蚓、2根导线、剪刀、电池、胶带、报纸

游戏对对碰

（1）用剪刀剥去导线两端2毫米长的绝缘表皮，将其中一根导线的一端用胶带粘在电池的正极上，另一根导线的一端粘在电池的负极上。

（2）根据蚯蚓的长短将报纸折成长方形。在报纸上浇水，让报纸完全湿透，然后再把蚯蚓放在报纸的正中间。

（3）用与电池负极相连的那根导线去接触报纸上与蚯蚓右端距离为2毫米的地方，用与电池正极相连的那根导线去接触报纸上与蚯蚓左端距离为2毫米的位置，这时，蚯蚓伸展自如。换个方向，却发现蚯蚓收缩成锯齿状的一团。

聪明博士的答卷

电流的通过让蚯蚓准确地判断自己所处的处境。如果蚯蚓的头部与电池的正极相连，而尾部与电池的负极相连，它可能会感觉到危险，那么它就会收缩。要是把电池的两极调换一下，蚯蚓就会感觉比较安全，且会伸展自如。由此可以判断，游戏中蚯蚓的右端是头部，左端是尾部。

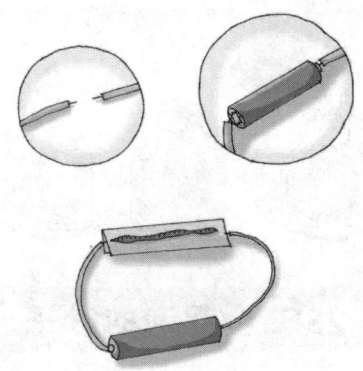

233. 撑破玻璃杯的花生米

游戏痴迷指数：★★★★

 小不点的疑团

小小花生米竟然能把玻璃杯撑破，它的力量真有那么大吗？这究竟是怎么回事呢？

工具潘多拉 花生米、旧铁皮罐、玻璃杯、筷子、石膏

 游戏对对碰

（1）在旧铁皮罐中放入适量的石膏，加水搅拌，直至搅拌成黏稠的石膏糊。

（2）把花生米放入铁皮罐的石膏糊中，并用筷子搅拌均匀。再把花生米和石膏糊的混合物倒入玻璃杯中。

（3）第二天，发现玻璃杯的杯壁上出现了裂纹，再过一段时间后，杯子竟然裂开了。

 聪明博士的答卷

花生米里含有大量的亲水物质，很容易吸收石膏糊里的水分，吸水后花生米体积就会膨胀，最终把玻璃杯给撑破了。

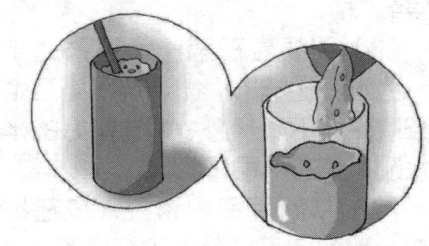

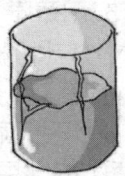

234. 发芽比赛

游戏痴迷指数：★★★★

 小不点的疑团

我从来都不知道，植物是在什么情况下生长的，还是自己动手演示一下看看吧！

工具潘多拉 绿豆、3个干净的空果

酱瓶、盛满水的碗、半杯水、纸巾、擦碗布、有弹性的透明薄膜、喷壶

游戏对对碰

（1）把绿豆放在一个盛满水的碗里浸泡24小时。

（2）在3个果酱瓶的底部各铺一层纸巾。

（3）用喷壶在第一个果酱瓶中洒一些水，让纸巾稍微润湿；第二个果酱瓶保持干燥状态；把准备好的半杯水倒入第三个果酱瓶中。

（4）从碗里取出绿豆，放在擦碗布上稍微擦干，分成三等份放入3个果酱瓶中。

（5）用薄膜把3个果酱瓶口封住，不让水分立即蒸发掉。然后，把3个果酱瓶放在有阳光的地方。

（6）三天后，你会发现第一个果酱瓶中的绿豆发芽了，而第二、第三个果酱瓶中没有出现胚芽。

聪明博士的答卷

几乎所有植物的种子都要有热量、水和空气才会发芽。在这里，3个果酱瓶里的种子都得到了来自太阳光的热量。但是，第二个果酱瓶里的绿豆种子缺少水分，第三个果酱瓶中的种子缺少空气。只有当绿豆种子有适宜的温度、充足的空气和水分才会发芽。

235. 会起泡的叶子

游戏痴迷指数：★★★

小不点的疑团

我把一片叶子放在水中，发现水里出现许多气泡，这是怎么回事呢？

工具潘多拉 大玻璃缸、放大镜、叶子

游戏对对碰

（1）把一个盛满水的透明玻璃缸放在阳光下。在缸里放几片绿色的新鲜嫩叶。

（2）拿一个放大镜，仔细观察叶子上发生的变化。

（3）可以看见叶子上有气泡冒出。

聪明博士的答卷

是不是很奇妙呀？原来，植物和动物一样，也需要呼吸，植物的呼吸和动物的呼吸刚好相反。植物吸进的气体是二氧化碳，呼出的气体是氧

气，植物的呼吸叫做光合作用。在进行光合作用的时候，叶子把氧气散发到空气中。你放入水中的叶子在阳光下照射进行光合作用，释放出氧气，从而在水里形成气泡。水里的植物用同样的方法帮助保持池塘、河流里有充分的氧气，满足鱼和其他水生生物的需要。

236. 无盆"吊兰花"

游戏痴迷指数：★★★★

小不点的疑团

冬天到了，好想给家中添一点绿意呀。老师说可以尝试做一盆有创意的吊兰花，那该怎么做呢？

工具潘多拉 红皮萝卜，小刀，尼龙绳，洋葱头

 游戏对对碰

（1）把红皮萝卜从中间切开成两半，把能长叶的一段用小刀把心挖空，成为一个碗状。有根的一段还可以做菜吃哦！

（2）再用一个洋葱头，把外面的老皮扒掉，根部朝下，正好把它放在"萝卜碗"里。

（3）用尼龙绳做个圈，套在萝卜上，把它挂起来，再往里面加点水。

（4）几天以后，这个"嫁接"的吊花长得生机勃勃，开始长出叶子来。数日之后，繁茂的叶子就会把"萝卜碗"包围起来，洋葱长出长长的圆叶，萝卜长的叶子会向上弯曲，还能开出淡淡幽香的小黄花来。哈哈！是不是很有趣？

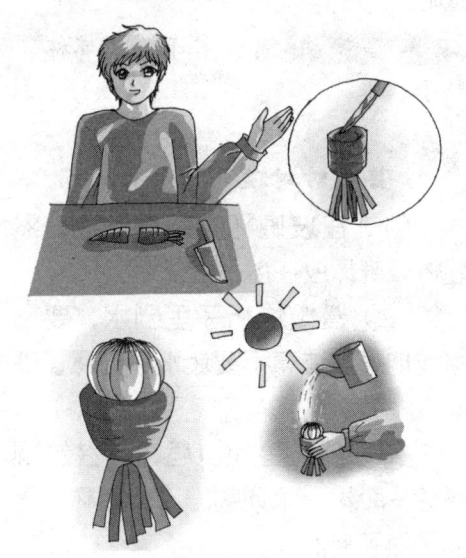

聪明博士的答卷

这一游戏成功的关键是要不断加水。因为萝卜的根和洋葱的鳞叶都贮藏着大量的营养物质,为今后的生长准备了物质基础,如果有充足的水分和阳光,它们就能很好地进行光合作用,为冬日增添绿意。

237. 蹦蹦跳跳的黄豆

游戏痴迷指数:★★★★

小不点的疑团

没有长脚的黄豆居然也会蹦蹦跳跳,我真是有点不相信。那就试一试吧!

工具潘多拉 黄豆若干、玻璃杯、盘子、水

游戏对对碰

(1)在玻璃杯中装满黄豆,然后将玻璃杯放在盘子上。

(2)慢慢往杯子里倒水,要尽可能地多。注意不要让水溢到杯子外面哦!

(3)几个星期以后,你会发现黄豆一个接一个地蹦出了玻璃杯,落到了盘子上。

聪明博士的答卷

啊!黄豆也会跳舞了,这是怎么回事?还是让聪明博士来告诉你吧!

向玻璃杯中注水之后,玻璃杯中的黄豆吸足了水分,体积不断膨胀。因此,杯子下面的黄豆不断地向上挤,而上面的黄豆则被挤出了玻璃杯。

238. 树枝洗"桑拿"

游戏痴迷指数:★★★★

小不点的疑团

大人们如果感觉累了,就会洗桑拿,缓解疲惫。而植物也可以洗"桑拿"吗?

工具潘多拉 2根带叶子的树枝、2个相同的汽水瓶、食用油、凡士林、水

游戏对对碰

（1）先在2个汽水瓶中装入同样多的水，然后分别在2个瓶中滴几滴食用油。

（2）在一根树枝上的叶子的正面涂上凡士林，在另一根树枝上的叶子的背面涂上凡士林。

（3）把叶子上涂有凡士林的2根树枝分别插入2个汽水瓶中。

（4）两天后，你会发现叶子正面涂有凡士林的那根树枝所在的汽水瓶里的水明显少于另一个汽水瓶。

聪明博士的答卷

叶子的背面都有气孔，植物就是通过气孔进行蒸腾和吸收水分的。而当叶子上的气孔被凡士林堵住之后，就无法进行蒸腾了，也就不会流失水分。所以，背面涂有凡士林的树叶无法向外散失水分，因而汽水瓶里的水也就不会变少。而正面涂有凡士林的树叶仍然正常进行蒸腾作用，散失水分，所以汽水瓶里的水会变少。

239.贮存花香

游戏痴迷指数：★★★★

小不点的疑团

昨天去聪明博士家的时候，闻到一种清新的花香，但是他家既没有鲜花，也没有洒香水，究竟香气是从哪里来的呢？

工具潘多拉 玻璃杯、酒精（纯度为95%）、玻璃棒

游戏对对碰

（1）首先收集地上散落的花瓣，然后把收集到的花瓣放在一只玻璃杯里，越多越好。

（2）用玻璃棒把花瓣捣碎，把捣碎的花瓣糊放入一只装有95%酒精的瓶内，封好口。在酒精中浸泡一周后，香味物质就会溶解在酒精里了。

（3）打开瓶盖，就可以闻到花香了。

聪明博士的答卷

花瓣中的香味物质，可以溶解在酒精里。只要打开瓶盖，由于酒精易挥发，溶解在酒精中的香味物质，就会悠悠地飘逸出来，使整个房间充满花香。用这种方法贮存的花香，只要不打开瓶盖，酒精不挥发，就能长期保存，需要时打开瓶盖就可以了。

240. 双色奇花

游戏痴迷指数：★★★

小不点的疑团

花园里有各种颜色的美丽花朵，可是你见过一朵花有两种颜色吗？我是真的见过，可就是不知道是怎么来的。

工具潘多拉 2支玻璃试管，玻璃杯，白色玫瑰花，剪刀，红色、蓝色钢笔水各一瓶

游戏对对碰

（1）用清水稀释蓝色和红色的钢笔水，各灌到一个小玻璃试管中，然后把两只试管置于同一个玻璃杯内。

（2）把一枝开白色玫瑰花的花梗用剪刀劈开，把劈开的两半花梗末梢分别放入两只玻璃试管内，花梗会很快改变颜色。

（3）只要几个小时，花朵就会变成一半蓝一半红的双色奇花。看起来像是魔术，其实还是有科学道理的。

聪明博士的答卷

因为有色液体沿着花梗内平时从根部吸收水分和营养的毛细管道上升，颜色最后停留在花瓣上，而其中的液体则通过空隙散发到外表，这样你就看到奇特而美丽的双色奇花了。

241. 插杆成活

游戏痴迷指数：★★★★

小不点的疑团

常言道：有心栽花花不活，无心插柳柳成荫。那么，真的随便插上的一根柳条就能生长成为一片柳荫吗？

工具潘多拉 一段刚从树上折下来的柳条或杨树条

游戏对对碰

（1）找一段刚从树上折下来的柳条或杨树条，把它插在河岸上。

（2）过一段时间，你会发现插在河岸上的柳条或杨树条成活了。这样就能成活，太不可思议了！

聪明博士的答卷

这是因为在植物的根、茎、叶等器官内部的形成层里，有很多分裂能力很强的细胞，这些细胞在环境条件适宜的时候，能迅速分裂繁殖，形成根和芽的原始体，并逐渐发展成为新的根和芽。但是并不是所有的植物都可以这样成活，这要视植物的品种而定。

242. 给苍蝇做"人工呼吸"

游戏痴迷指数：★★★★★

小不点的疑团

看到这个题目是不是很奇怪呀！怎么能给苍蝇做"人工呼吸"呢？

工具潘多拉 玻璃杯、活的苍蝇、食盐、小勺

游戏对对碰

（1）在玻璃杯中倒入半杯水，把苍蝇放进水里。

（2）苍蝇挣扎一会不动了。不要以为你很残忍，因为你一会还会把它救活。

（3）用小勺把苍蝇捞出来，放在干燥的地方。

（4）再撒上些食盐，等待15分钟后苍蝇会活过来。哈哈，是不是很有趣？

聪明博士的答卷

苍蝇是昆虫，没有肺器官，只靠气门的细小气管呼吸。它的气门主要位于腹部的两侧，气门充满水时苍蝇会溺水。撒上食盐后，食盐溶解需要水，盐就溶于苍蝇体表的水中，水朝着盐浓度高的地方流动，就会从气

门流出来,使苍蝇恢复呼吸。

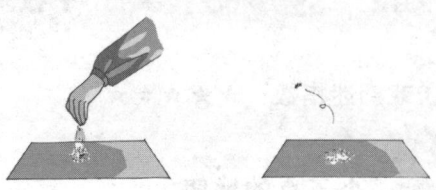

243. 可以控制的开花时间

游戏痴迷指数:★★★

小不点的疑团

什么?开花时间也可以控制?聪明博士,你在开玩笑吧!

工具潘多拉 不透光的黑纸袋、一株带花苞的牵牛花、细绳

游戏对对碰

(1)夜晚,用黑纸袋将快要开花的牵牛花套住,并用细绳轻轻地系好袋口,防止光线进入。

(2)等第二天早上六七点时,拿去黑纸袋,用不了5分钟,牵牛花就会争艳开放。真奇怪!牵牛花的开花时间也可以控制吗?

聪明博士的答卷

每种植物都有自己的生物钟,生物钟能够控制植物的生长过程。牵牛花在生物钟的作用下开花时间大约在凌晨三四点钟。而用不透光的黑

纸袋将快要开花的牵牛花套住,则扰乱了它的正常生物钟,延误了开花时间。所以,当你拿去黑纸袋后,牵牛花体内各种酶的活性就达到一定状态,牵牛花也就开放了。

244. "解剖"叶子

游戏痴迷指数:★★★

小不点的疑团

一般的叶子都是绿色的,除了绿色还有别的东西吗?

工具潘多拉 剪刀、玻璃杯、异丙醇、滤纸、胶带、叶子

游戏对对碰

(1)用剪刀把树叶剪成细小的碎片,再把叶子碎片放到玻璃杯中,大约5毫米厚。

(2)向玻璃杯中注入异丙醇,刚好没过叶子碎片就可以了。

(3)从滤纸上剪下一条宽3厘米的滤纸条,用胶带把滤纸条固定在玻璃杯子边沿上,滤纸条的另一端伸

入到异丙醇溶液中。

（4）第二天，你会看到滤纸条上多了很多色彩。

 聪明博士的答卷

树叶中的色素可以溶解到异丙醇中，这样，当异丙醇沿着滤纸上升时，色素也被带到滤纸上了。因为不同色素的分子结构是不一样的，所以它们在滤纸上的高度也不一样，即色素会沉积在滤纸条不同的区域。这样，你就可以看到树叶中都有什么色素了。

245. 无土生长

游戏痴迷指数：★

 小不点的疑团

地球人都知道花草树木是长在泥土里的，那世界上有没有什么办法可以让种子不需要任何土壤就能长成健壮的幼苗呢？

工具潘多拉 底部有洞的花盆、装有水的喷水壶、绿豆种子、小石头、珍珠石（一种吸水的园艺材料）、肥料

 游戏对对碰

（1）用小石头将花盆底部盖住，再在上面放上珍珠石。

（2）用喷水壶浇湿珍珠石，轻轻地把绿豆种子均匀地撒在珍珠石上，然后把花盆放在有阳光的窗台上，保持珍珠石的湿润。

（3）几天后，绿豆种子发芽了，这时可以用水和肥料的混合物来灌溉。过一段时间，你会看到种子长成了健壮的小苗。

 聪明博士的答卷

植物的生长需要空气、水和阳光，但不一定需要土壤，没有土壤，植物也能存活，只要给它们提供土壤中所能取得的矿物质即可，比如肥料和水。

246. 永不凋落的树叶

游戏痴迷指数：★★★★

小不点的疑团

秋天来了，树叶纷纷从树上飘落下来，随风飞扬。但如果把树枝放在家里养着，树叶还会掉下来吗？

工具潘多拉 一根树叶较多的树枝、塑料瓶（也可用花瓶）

游戏对对碰

（1）将树枝插入塑料瓶中，把瓶子放在比较安静的地方，经常观察树叶。但不要用手或其他物体去碰它们。

（2）四个星期以后，绿色的树叶会干枯且变成褐色，但不会从树枝上落下来。

聪明博士的答卷

我们知道，叶子是由叶片和叶柄组成的。叶柄固定在茎上的那一层细胞叫做离层细胞。这些细胞的细胞壁很薄。一般在秋天，落叶树的离层细胞会产生化学物质，把维系着离层细胞的细胞壁消化掉。这时只剩下运输管把叶子连在植物的茎上。叶子的重量加上风的吹动，就会使运输管断裂，叶子因而落下。

但是，在游戏中，因为还没有到秋天，也没有化学物质消化掉离层细胞的细胞壁，离层细胞仍然存在，这样即使叶子干枯了，也还会连在茎上，不会掉下来。

247. 植物的向光之路

游戏痴迷指数：★★★★

小不点的疑团

平时，我在仔细观察一株植物时，发现它一边枝叶浓密，一边却枝叶稀少。这是为什么呢？

工具潘多拉 花盆、鞋盒、剪刀、土豆芽

游戏对对碰

（1）把一块发了芽的土豆，种在有潮湿泥土的花盆中。

（2）将其放入一只鞋盒的一角，然后在鞋盒的另一端剪一个圆孔。在鞋盒里面再粘两道纸隔墙，并各留下一个小空隙。把鞋盒盖上盖，放在靠近窗户的地方。

（3）几天以后，土豆芽就会通过这座黑暗的迷宫找到光线的出口。

 聪明博士的答卷

植物均有对光线敏感的细胞，指挥植物的生长方向。即使在这个游戏中进入鞋盒的光线十分微弱，也能使土豆芽弯弯曲曲地朝着有光的方向生长，但其颜色却是苍白的，因为在黑暗中无法生成对它生长极其重要的叶绿素。这个游戏证明了植物的向光性，现在你该明白植物为什么会一边浓密一边稀少了吧？那也是由于光照的原因。

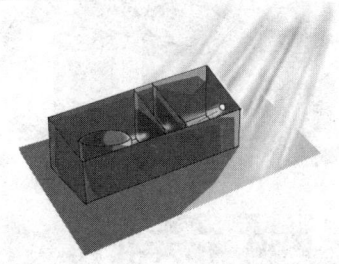

248. "受伤"了的叶子

游戏痴迷指数：★★★★

 小不点的疑团

叶子是维系植物生命的重要条件，如果叶子受伤是很可怕的。不知叶子受伤后是什么样子？

工具潘多拉 叶片较大的室内观赏植物、不透明胶带

 游戏对对碰

（1）在植物的叶子上粘一条不透明胶带，然后像平时一样照料这棵植物。

（2）几天以后，小心地撕掉叶子上的胶带，你会发现叶子上粘过胶带的地方变成了浅绿色。植物也像人一样，是有生命的，它们也害怕受伤，大家一定要爱护它们哦！

 聪明博士的答卷

植物通过光合作用，利用光能，将水和二氧化碳转化为有机物，形成叶绿素。粘不透明胶带的地方没有照到阳光，不能进行光合作用，也不能形成叶绿素，所以颜色会慢慢变成浅绿色。这些浅绿色部分与原来的深绿色相对比，让人以为叶子"受伤"了。

249. 善变的树叶

游戏痴迷指数：★★★★

小不点的疑团

树叶呈现绿色，并不仅仅是因为它含有叶绿素，其他颜色的树叶也是含有叶绿素的。让我们来检验一下吧。

工具潘多拉 2个器皿（一大一小），绿色树叶、红色叶子各2片，酒精灯，酒精

游戏对对碰

（1）先在2个器皿中各倒入少量清水，再将2片绿叶放入小器皿中，然后将小器皿置于大器皿内，进行水浴加热。观察绿叶没有什么变化后，取出绿叶。将小器皿里的水换为酒精，放入绿叶后再加热。酒精加热一会儿后，碧绿的叶片变成了白色，而酒精却变成了绿色。

（2）换2片红色叶子放进盛有清水的大器皿中加热。加热一会儿后，清水变成了红汤，而本来红色的叶子却呈现出绿色。取出叶子并将其放进盛有酒精的小器皿里，继续加热之后，酒精变成了绿色，红色叶子变成了白色。这是怎么回事呢？

聪明博士的答卷

红色叶子里含有一种名叫花青素的色素，浓度较高，把下面的叶绿素给遮住了。花青素易溶于水，加热促使其更快溶解，叶子上的红色就褪去了，叶绿素便呈现出来了。叶绿素不溶于水，但溶于酒精，所以把绿叶放入酒精中加热，叶绿素便从绿叶中跑出来，使无色的酒精变成了绿色，从而检验出绿叶中含有叶绿素。

依据这个理论，红色叶子检验出含有叶绿素。

250. 花开花闭

游戏痴迷指数：★★★★★

小不点的疑团

花朵为什么能自己一点点地展开？真是想不明白！

工具潘多拉 盘子、剪刀、彩色纸、水

游戏对对碰

（1）先用剪刀把彩色纸剪出花

的形状，将纸花瓣向里折叠。

（2）将叠好的彩色纸花放在水面上，仔细观察。

（3）几分钟后，纸吸收了水分，水到达折痕处，使纸纤维膨胀，纸花瓣就自动展开了。

聪明博士的答卷

在这个游戏中，纸花瓣在水中展开的情形与大自然中花朵开放的原理是一样的，都是水作用的结果。在鲜花花瓣的基部有一种特殊的球状细胞。太阳升起时，鲜花蒸腾作用很旺盛，向外散发水分，球状细胞就吸水胀大。随着它们的体积逐渐增大，花瓣向外顶，花朵就开放了。

251. 花朵凋谢为哪般

游戏痴迷指数：★★★

小不点的疑团

花园里的花朵很美丽，可是会枯萎，真不知道它们为什么凋谢！

 工具潘多拉 2个玻璃杯、食盐、2朵鲜花

游戏对对碰

（1）在2个玻璃杯中注入适量的水，并在其中一个杯子里加入大量食盐，使食盐能够覆盖杯底，而另一个杯子里什么也不加。

（2）把2朵鲜花分别插在2个玻璃杯中。

（3）两天后，插在盐水中的花枯萎了，而插在清水中的花却开得很鲜艳。

聪明博士的答卷

同样的2朵花，为什么放在清水中依然开放，放在盐水中就会枯萎呢？

原来放在清水中的花朵，其花茎的导管吸满了水分，然后输送到叶片和花瓣中去，所以，花朵依然开得很鲜艳。而放在盐水中的花朵，其花茎的导管不但不能吸收水分，而且会因为细胞液的浓度低于食盐浓度而失去水分。同时，因为蒸腾作用，还有一部分水分通过花朵细胞的气孔散发到空气中。由于缺水，盐水中的花朵就枯萎了。

252. 分离叶绿素

游戏痴迷指数：★★★

小不点的疑团

植物的叶子是绿色的，这是含有叶绿素的缘故，有没有什么办法能把叶绿素分离出来呢？

工具潘多拉 2个烧杯（一大一小）、新鲜的绿叶、浓度为95%的酒精、酒精灯、三脚架、石棉网、火柴

游戏对对碰

（1）把一片绿叶放入小烧杯中，再加入95%的酒精到淹没叶片为止。

（2）把小烧杯放入一个大烧杯中，在大烧杯中倒入热水。

（3）在三脚架上放好石棉网，然后把大烧杯放在上面，点燃酒精灯加热。

（4）过一会儿，你会看到小烧杯中无色的酒精完全变成绿色，这些绿色物质就是叶绿素。

聪明博士的答卷

叶绿素能溶解在酒精中，将它加热煮沸，叶绿素就会跑到酒精中，所以酒精变成了绿色。这就是分离叶绿素的方法。做这个游戏时，小烧杯可用玻璃杯代替，大烧杯可用锅代替，加热可用煤气灶。

第八篇

数学王国

"数学？我最害怕了！"这是小·不点经常说的话，是不是你最头疼的事情呢？其实，数学王国里也有很多经典的科学知识，只要你和小·不点一样，勇于发问和学习，就能在游戏中体验数学的无穷魅力，从而玩转数学。

253. 三个直角的三角形

游戏痴迷指数：★★★★

小不点的疑团

我们知道，直角三角形中有一个角必然为90°，不可能出现三个角全部都是90°。但这种情况确实存在。不信，你就瞧瞧！

工具潘多拉 画笔，充满气的气球

游戏对对碰

（1）用画笔在气球上画一个直角，取一个延长边，使其绕过气球的1/3。

（2）在延长线的终点处画第二个直角，延长它的另一条边至同样的长度。

（3）从第二个直角一边的延长线的终点处画第三个直角，并延长它的另一边至第一个直角一边延长线的起点处。这样，就可以画一个三个角都是直角的三角形了。

聪明博士的答卷

很显然，在平面上画一个三个角都是直角的三角形是不可能的。但在这个游戏中，你的三角形进入三维空间。三维空间的数学规则与二维平面的数学规则是不一样的。所以，在气球上可以画一个三个角都是直角的等边三角形。

254. 大硬币穿小洞

游戏痴迷指数：★★★★★

小不点的疑团

5角硬币和1元硬币大小肯定不一样。但是，剪一个五角硬币大小的洞，一元硬币竟然也能穿过去。这是怎么回事呢？

工具潘多拉 纸、剪刀、5角硬币、1元硬币

游戏对对碰

（1）在纸的中央剪一个5角硬币大小的洞。

（2）将纸对折，折痕必须通过洞的直径。

（3）把1元硬币由上而下落下，发现硬币无法穿过洞口。但如果将纸的两端向下朝中央折拢，1元硬币就

会从洞中穿过了。这是怎么回事呢？

 聪明博士的答卷

这里运用了拓扑学。拓扑学是研究曲面的全局联系的一门科学。将纸折叠并稍往中央折拢，可以把圆形变成椭圆形。椭圆形类似于圆形，它有一个长直径和短直径。所以一元硬币可以从椭圆长直径穿过去。

255. 哪种形状最坚固

游戏痴迷指数：★★★

 小不点的疑团

凡被问到什么形状最稳定性时，我们最先想到的是三角形。如果说什么形状最坚固时，你会想到什么呢？

工具潘多拉 4张硬纸板、4本重量差不多的书、胶水、胶带、小剪刀。

 游戏对对碰

（1）将第一张硬纸板折三折，末端粘起来，形成一个三棱柱形状；

将第二张硬纸板对折，让边缘立起来；将第三张硬纸板先卷成筒状，然后用胶带把它粘成圆柱状；将第四张硬纸板先对折，从折痕处剪开，把两端粘贴起来，再把粘起来的两个半张硬纸板各对折，粘成长方柱形。

（2）在每种形状的硬纸板上各放一本书，结果发现，有些形状马上被压垮了，有些形状也只能支撑一会儿，只有圆柱形状可以支撑很久而且可以再放几本书。这是为什么呢？

 聪明博士的答卷

这是因为圆柱形状的硬纸板把重量平均分散了，受力面积均匀，因此，圆柱形最坚固，它能够承受书本重量的时间最长。

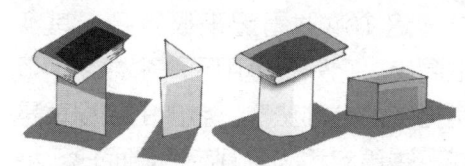

256. 巧切香蕉

游戏痴迷指数：★★★★★

 小不点的疑团

香蕉是要剥了皮才能吃，要想吃香蕉薄片的话，也要剥了皮用刀一片一片地切。但这里有一种方法让你不用剥皮也能把香蕉切成薄片。

 工具潘多拉 香蕉、手缝针、细线

游戏对对碰

（1）将细线穿入手缝针的针孔中。

（2）把针从香蕉的一个隆起的棱插入，再从相邻的另一个棱上穿出；在第一个针孔外留出10厘米长的线头，并把线拉直；接着把针从第二个针孔插入，再从相邻的尚未被针刺过的另一个棱刺出。如此重复，绕香蕉一周。

（3）拿起两端的线头，把线从香蕉里拉出来。按照同样的方法多穿几次，就可以把香蕉切开了。

 聪明博士的答卷

这个游戏看起来很复杂，其实很简单，它只是运用了一个数学中最常见的"分割法"。全部的过程就是线在香蕉皮和肉之间绕一圈而已。结实的线犹如一把锋利的刀，你想让它切多长，它就会帮你切多长。

257. 找规律

游戏痴迷指数：★★

 小不点的疑团

这是一个很有意思的游戏，看似毫无逻辑关系的数字背后隐藏着一个可遵循的规律。那是一个什么规律呢？

 工具潘多拉 笔、纸

 游戏对对碰

在纸上写这样一组数字：3，5，13，21，1，1，8，2，然后想想它们之间有什么规律。

聪明博士的答卷

喜欢和数字打交道的学生可能会从中找出一些思路来，没错！它确实有规律可循。它们的正确顺序是：1，1，2，3，5，8，13，21。从这个顺序中可以明显看出，前两个数之和等于后一个数，这就是世界上有名的斐波纳契数列。

258. 少了一个正方形

游戏痴迷指数: ★★

小不点的疑团

美国一个魔术师发现这样一个奇怪的现象:一个正方形被分割成几小块后,重新组合成一个同样大小的正方形时,它的中间却有一个洞!真有点奇怪!

工具潘多拉 剪刀、正方形的纸、彩色笔

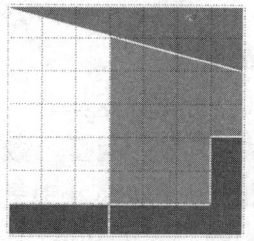

图A

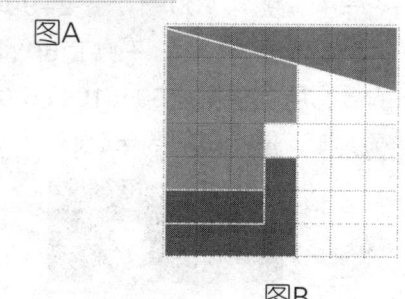

图B

游戏对对碰

(1)先用剪刀照图把正方形的纸剪成块,分别在每一块纸上涂上颜色(图A),然后把它们拆开。

(2)把拆开后的5小块按图B重新组合时发现中间少了一小块正方形,这是怎么回事呢?

聪明博士的答卷

5小块图形中最大的两块对换了位置之后,被那条对角线切开的每个小正方形都变得高比宽大了一点点。这就意味着这个大正方形不再是严格的正方形。它的高增加了,从而使得面积增加,所以增加的面积恰好等于那个方洞的面积。

259. 快速计算

游戏痴迷指数: ★★★★★

小不点的疑团

这既是一个最简单的加法游戏,也是一个最复杂的加法游戏,关键是看你会不会动脑筋。

游戏对对碰

和你的朋友一起来玩这个游戏。假设你的朋友问你:1加2、加3、加4……一直加到100,最后的和是多少?你能快速地回答出来吗?如果回答不出来,说明你还没有掌握科学的技巧。

聪明博士的答卷

答案是5 050。你可以这样算：第一个数和最后一个数、第二个数和倒数第二个数相加，它们的和都是一样的，即1+100=101，2+99=101……50+51=101，一共有50对这样的数，所以答案是50×101=5 050。怎么样，是不是很简单呀！

260. 硬币游戏

游戏痴迷指数：★

小不点的疑团

有关硬币的游戏，大家都玩过。不过，这个硬币游戏并不单纯考你的判断力，还要考你的运算能力和数学知识。不要害怕，并不是很难的，仔细看看下面的游戏吧。

 工具潘多拉 5角硬币、1元硬币

游戏对对碰

（1）邀请你的伙伴和你一起玩这个游戏。首先让他把2枚硬币握在掌心里，一手握一个。

（2）请你的伙伴用硬币的面值（5角的以5计算，1元的以10计算）分别同乘以1，3，5，7等任意一个单数，然后让他把左右两手所得的两个乘积是单数还是双数告诉你。

（3）如果你的伙伴告诉你，他的右手所得的乘积是双数，而他的左手所得的乘积是单数的话，你可以很快猜出他的右手中握的是一元硬币，而左手中握的是五角硬币。这是为什么呢？

聪明博士的答卷

在数学中，有一个永远不变的规律，那就是：单数和单数的乘积永远是单数，单数和双数的乘积永远是双数，双数和双数的乘积永远是双数。游戏中，5是单数，10是双数，两个数字分别乘以一个单数，结果是单数的那只手肯定握着5角硬币，结果是双数的那只手肯定握着1元硬币。原理就这么简单，就看你有没有掌握这个方法了。

261. 奇妙的莫比斯环

游戏痴迷指数：★★★★★

小不点的疑团

纸条是我们最常见的东西，但它也可以玩出新花样。一起来玩玩吧！

工具潘多拉 纸、剪刀、直尺、铅笔、胶水

游戏对对碰

（1）用直尺在纸上量出10厘米的长度，然后用剪刀把量好的纸条剪下来，将一端扭转180°，用胶水把纸两端粘在一起，形成一个环。

（2）用剪刀沿着纸环宽度的1/2处剪开（如果你的技术不够好，可以事先用铅笔画好路线），这样就形成了一个两倍长度、转折两次的纸环。

（3）如果把转折1次的纸环从宽度为1/3处剪开成三等分，看看会出现什么情况呢？

聪明博士的答卷

这是有名的数学拓扑游戏。在19世纪时被一个德国数学家费迪南德·莫比乌斯首次发现，所以以他的名字命名为莫比乌斯环。它只有一个面，不分上下面，所以当你沿纸环的

宽度为1/3处剪开成三等分时，会出现1个大环和1个小环套在一起。

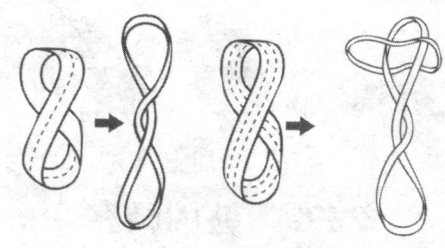

262. 折纸游戏

游戏痴迷指数：★★★★★

小不点的疑团

这是一个暗藏陷阱的数学游戏，如果你不够仔细的话，说不定就掉进陷阱里了。

工具潘多拉 一张长方形的纸

游戏对对碰

把纸对折一次，这样就有两层纸了；再把两层纸对折一次，这样就变成了4层；第三次把4层的纸再对折，这样就变成了8层。依次这样折下去，你认为你能够折到99层吗？

聪明博士的答卷

折出99层是不可能的。每折一次，纸的页数增加的方式属于几何级数。第三次折出8层，第四次就会折

出16层，所以你根本不可能折出99层来。

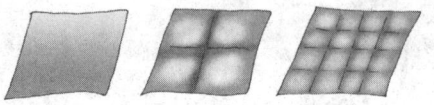

263. 刁钻的顾客

游戏痴迷指数：★★★

小不点的疑团

一位刁钻的顾客来到张师傅的煎饼铺前，让用三刀把一张圆煎饼切成7块。张师傅思考了一会儿，真的完成了这个任务。听起来挺难的，那么张师傅到底是怎样做的呢？

工具潘多拉 笔、圆形纸板、直尺

游戏对对碰

（1）在圆形纸板上任意画一条直线，这样把煎饼切成了两块。

（2）画一条直线与第一条直线相交，这样就能把煎饼切成四块。

（3）第三次，再画一条直线与前两次画的直线相交，这样你就能轻松完成任务，把煎饼切成7块了。

聪明博士的答卷

这是一个很典型的数学归纳法。以第三次切割为例，第三条切割线与前两条直线相交，这样前两条直线就把第三条线分为三条线段。这三条线段中的第一条把纸板的某一块一分为二。因此，每一条线段都使得纸板增加一块，三条线段也就使纸板增加三块，最后就能切出7块。

264. 回形针的奥秘

游戏痴迷指数：★★★★★

小不点的疑团

今天爸爸教给我一个很有趣的游戏，道具很简单，就是很普通的回形针。跟我来看看到底是怎么回事吧！

工具潘多拉 回形针、长方形的纸

游戏对对碰

（1）先把纸折成"z"形。

（2）然后用一枚回形针别住纸

中一个双层，再把纸的另外两层用另一枚回形针别住。

（3）用手抓住纸的两端快速向外拉。结果，两枚回形针不再夹着纸，而是跳出来，奇迹般地钩在一起了。

聪明博士的答卷

这是曲度转移的拓扑现象。当纸被拉直时，它折叠形成的"z"形曲度被转移到回形针上。现在，我们再换一种方式，慢慢地向外拉纸时，会出现另外一种现象，有时候回形针会钩在一起。这就是回形针的奥秘。

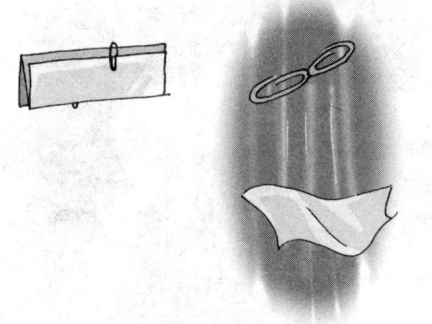

265. 奇妙的三位数

游戏痴迷指数：★★★★★

小不点的疑团

数学是我最头疼的科目了，可聪明博士非要让我学数学，真是很无奈！没办法，还是先从简单的三位数

开始吧！

 工具潘多拉 纸、笔

游戏对对碰

（1）用笔在纸上任意写一个三位数，再在它的后面续写上这个三位数，使它变成六位数。

（2）将这个六位数除以7，所得的商再除以11，所得的商再除以13。结果是原来那个三位数。

（3）再找一组数字重新试一下，结果每次都能除尽，而且一定还能还原成原来的三位数。怎么又变回来了？

聪明博士的答卷

很奇妙吧，你知道为什么吗？自己先好好想想。

三位数的3个数字重复成六位数，等于将这个三位数乘以1 001，而1 001＝7×11×13，所以六位数再除以7、11、13，实际是除以1 001，结果仍然会还原为原来的三位数。

266. 不变的答案

游戏痴迷指数：★★

小不点的疑团

做这个游戏，你会陷入数学游戏的圈套里——随便你从什么数字开始，最后总会得到4，神奇吧？一定要动笔写一写哦！

工具潘多拉 纸、笔

游戏对对碰

（1）随便想一个数字，用阿拉伯数字把它写在纸上。

（2）写下这个数字的英文，并数出字母个数，用阿拉伯数字写下字母的个数，再用英文写出这个数字，以此类推下去，直到数字的数值与其所对应的字母个数一致为止。不管你从什么数字开始，最终都会得到4。

聪明博士的答卷

是不是感到很困惑，这是怎么回事？哈哈，让聪明博士告诉你秘诀吧！

其实很简单！因为4是英语中唯一的一个字母数与其数值相等的数字。以6(six)为例。它的字母个数是3；再写出3的英语单词three，它的字母个数是5，写出5的英文单词five，它的字母个数是4；再写出4的英语单词four，它的字母个数是4，其数值与所对应的字母个数就一致了。你可以再从其他数字开始，结果仍然一样。

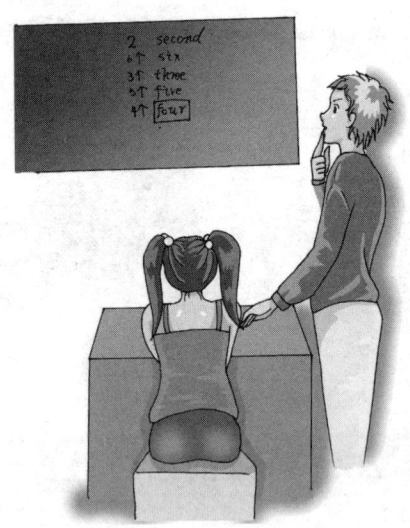

第九篇

化 学 天 地

化学和我们的生活关系非常密切，本章所收录的新颖有趣的游戏，将带你进入千奇百怪的化学世界，让你从此爱上化学！

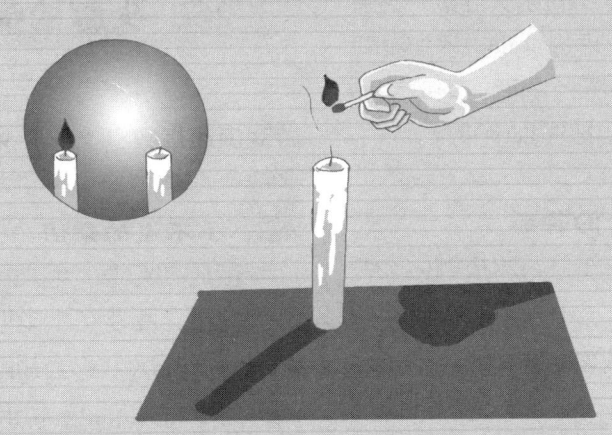

267. 钓冰

游戏痴迷指数: ★★★

小不点的疑团

晶莹、透明的冰块看起来非常动人,但如果你用手去捉它,它却像泥鳅一样到处乱窜。有什么好办法能让我们捉到冰块呢?这里教你一个绝妙的办法,让你像钓鱼一样轻松地把冰块钓起来。

工具潘多拉 玻璃杯、食盐、细线

游戏对对碰

(1) 从冰箱里取出稍微厚一点的冰块放到玻璃杯中,然后将细线的一端放到冰块的上面,一端搭在玻璃杯口。

(2) 在搭着线的冰块上撒一些食盐,等 10~20 秒后小心地提起线(有点耐心,一下子不行的话,可以稍微等久一点),冰块被线提上来了。

聪明博士的答卷

撒有食盐的部分,冰被融化,变成小水窝,将线埋于其中。随着冰块的融化,盐的咸度逐渐下降,由于只有10~20秒时间,冰融化放热而使温度降低,使水的结冰点重新被提高而结冰。于是,线就被冻到冰块里了。

学以致用

冬天的大雪使路面结冰时,被用来做融化雪的物质(融雪剂)的,正是盐或氯化钙。因为氯化钙比盐更环保,所以在一些国家主要使用氯化钙。而平均气温稍高的地方,则用廉价的盐来化雪。

268. 失踪的头发丝

游戏痴迷指数: ★★★★

小不点的疑团

我们都知道,毛发是最不容易腐烂的物质,即使在水中泡很久也泡不烂。但下面这个实验却能使不易腐烂的头发轻易消失。一起来试一试吧!

工具潘多拉 饮料瓶、20根左右头发、漂白剂、小勺

269. 让花退色

 游戏对对碰

（1）在饮料瓶里放入20根左右的头发，再倒入1/4左右的漂白剂。用小勺摁住头发，以便让头发完全浸泡在漂白剂里，放置30分钟左右。

（2）30分钟后，我们观察饮料瓶，会发现漂白剂表面产生泡沫的同时，在头发上可见到小泡。头发已有部分被溶化了。这是什么原因呢？

 聪明博士的答卷

漂白剂属碱性，头发属酸性，它们发生了化学反应。像这种酸和碱相遇所产生的反应叫"中和反应"。

学以致用

中和反应在我们的日常生活中被广泛利用。全棉衣物不小心沾上了脏东西，用漂白剂一泡，就能将脏东西除去。因为棉制品是碱性的。如果将漂白剂用在呈酸性的毛制品上，就会发生洗坏现象。所以，使用漂白剂的时候要千万注意。

游戏痴迷指数：★★

 小不点的疑团

五颜六色的花确实很漂亮，能不能也把它像漂白衣服一样漂白呢？

工具潘多拉 大塑料袋、铁瓶盖、火钳、硫黄、花、小瓶

 游戏对对碰

（1）取来一枝红花插在小瓶中，并用透明的大塑料袋罩住。

（2）再将硫黄装在铁瓶盖中，用火钳夹住铁瓶盖在煤气灶上加热，使硫黄熔化后，再把它点燃。

（3）当硫黄冒出微弱的淡蓝色火焰后，迅速用火钳夹住放入大塑料袋中，注意将塑料袋盖严，不要漏气。

（4）你会看到红色的花朵在淡蓝色的烟雾中迅速地退去了颜色，成了一朵白色花。

 聪明博士的答卷

硫黄燃烧后发出淡蓝色的火焰，会生成二氧化硫气体。二氧化硫具有漂白作用，能够使有色物质变成白色。这就是红色花朵变成白色的原因。

学以致用

不是所有漂白后的东西始终都很白，由于二氧化硫漂白的物体颜色不稳定，时间长了就会分解还原，所以，白纸放的时间久了容易发黄，干花也不例外。

270. 自制消暑饮品

游戏痴迷指数：★★★

小不点的疑团

富含二氧化碳的碳酸饮料是人们钟爱的夏季消暑解渴饮品。那么，我们可以在家里自制这种饮品吗？

工具潘多拉 干净的汽水瓶、白糖、果味香精、2克小苏打(即碳酸氢钠)、4克柠檬酸

游戏对对碰

（1）在汽水瓶里加入占容积80%的冷开水，再加入白糖及少量果味香精，然后加入2克小苏打，搅拌溶解。

（2）迅速加入2克柠檬酸，立即将瓶盖压紧，使生成的气体(小苏打和柠檬酸产生二氧化碳)不能逸出，而溶解在水里。将瓶子放置在冰箱中降温。取出后，打开瓶盖就可以饮用了。

聪明博士的答卷

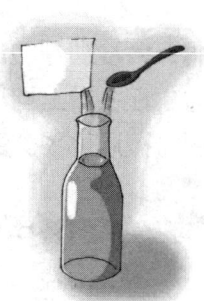

自制饮品中的小苏打溶于水，与柠檬酸反应生成二氧化碳。当二氧化碳从体内排出时，可以带走一些热量，因此喝这种饮品能解热消渴。喝冰镇的饮品时，由于饮品的温度低，溶解的二氧化碳更多(0℃时，二氧化碳的溶解度比20℃时大1倍)，当更多的二氧化碳从体内排出时，能带走更多的热量，所以更能降低体内的温度。

271. 四季的雪花

游戏痴迷指数：★★★

小不点的疑团

冬天的雪花真美呀！要是一年四季都可以看到就好了。聪明博士，可以自己做雪花吗？

工具潘多拉 塑料瓶、小刀、剪刀、吸附纸、水性签字笔、2个玻璃杯、尿素、水、洗洁精、木工用黏结剂、盘子、匙子

游戏对对碰

（1）用小刀把塑料瓶的顶端和下端切去，留出高4～5厘米的圆柱体，挖4个3～4厘米长的槽，使槽成为"十"字形，以便能插入纸。

（2）把两张吸附纸(彩色图画纸)粘在一起，剪成圣诞树的模样，做成两个圣诞树模型之后，各叠成"十"字形。

（3）在圣诞树各个突出的尖形终端，用水性签字笔涂色并晾干，把纸制圣诞树插在塑料瓶的槽中固定好。

（4）在2个玻璃杯中，一个里面装入三匙尿素和水，使其溶解；另一个里面倒入洗洁精及1/4洗洁精量的木工用黏结剂后充分搅匀。在溶解尿素的杯子里，再放入3匙调好的洗洁精和木工用黏结剂混合液，并再次搅拌均匀。

（5）把这个混合液倒在盘子里，并把已做好的纸制圣诞树立在上面，使圣诞树的底座完全浸到混合液中，一天以后，你就会看到像冬天里的雪花一样美丽的结晶花了。

聪明博士的答卷

尿素、洗洁精、木工用黏结剂等混合的溶液，由于"毛细管现象"浸到了纸上。纸的面积越大，蒸发的速度就越快，水在纸上留下很小的尿素痕迹后，就蒸发掉了。渗到纸上的水继续蒸发后留下了花纹一样的结晶花；而用水性签字笔画的部分就变成了美丽的花。

其实只用尿素溶液，也可制成结晶，但仅靠它很难制成美丽的结晶花。所以，加入了界面活性剂洗洁精，以减少其表面的张力。

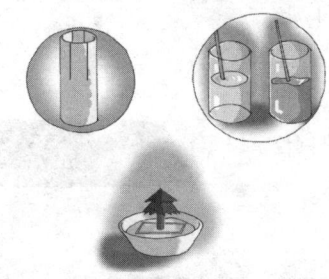

272. 遥控点火

游戏痴迷指数：★★★

小不点的疑团

蜡烛也能用遥控点燃，真是太奇怪了！究竟是怎么回事呢？

工具潘多拉 蜡烛、火柴

游戏对对碰

（1）点燃蜡烛，让它燃烧片刻，然后再把它吹灭。

（2）烛心冒出白色的烟雾，你在烟雾上方划着一根火柴，一股火苗会立即入烛心，重新点燃蜡烛。蜡烛真的被神奇地点燃了，其中有什么奥妙呢？

 聪明博士的答卷

原来，蜡烛被吹灭后，其中的蜡质还保持着极高的温度，呈烟雾的形式散发出来。这股烟雾是可燃的，一有明火即可立即燃烧。这个游戏表明，固体物质遇到高温会升华变成气体。

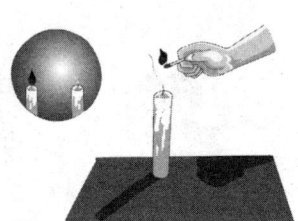

273. 模拟灭火器

游戏痴迷指数：★★★

 小不点的疑团

突发大火时，灭火器可是救命的法宝。但你知道灭火器是利用什么原理工作的吗？

工具潘多拉 苏打、食醋、胶卷盒、卫生纸、汤匙

 游戏对对碰

（1）在卫生纸上放3汤匙左右的苏打后包成糖块状（将苏打包裹起来是为了防止它化学反应过快），把包好的苏打放进废旧胶卷盒里后，倒入食醋，并迅速盖好盖子（顺序很重要，一定要先放苏打后放食醋）。

（2）注意观察，过一会儿胶卷盒的盖子被顶开了，冲出大量的泡沫，就像灭火器里的气体一样。真是奇怪！

 聪明博士的答卷

苏打和食醋里的酸发生反应，生成二氧化碳气体。生成的气体一旦形成足够的压力时就会顶开胶卷盒盖子，进而气体和液体混合形成的泡沫溢出胶卷盒外。

广泛运用二氧化碳泡沫的有泡沫灭火器。其原理比较简单。将泡沫灭火器倒置时，两种液体互相混合生成二氧化碳。这两种溶液就是碳酸氢钠和硫酸钠，把它们混合在一起，就会起化学反应，生成二氧化碳和氢氧化铝。氢氧化铝具有黏糊糊的糨糊性质，包住了二氧化碳。这样二氧化碳就不易跑出去，而附着于燃烧物表面。利用这个原理就制成了灭火器。

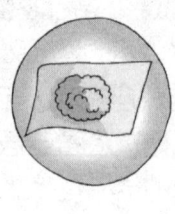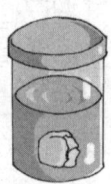

274. 会逃跑的颜色

游戏痴迷指数：★★★

小不点的疑团

有些颜色是比较稳定的，如墨汁、矿物颜料等，所以古代的字画可以长时间保留下来。但是也有一些物质在别的物质的作用下，是会逃跑掉的。

工具潘多拉 小饮料瓶、红色食用素、吸管、漂白剂、汤匙

游戏对对碰

（1）在小饮料瓶里倒入 1/2 的水和 1/3 汤匙的食用红色素，并搅拌均匀。

（2）用吸管把漂白剂一滴一滴地滴到瓶里，红色逐渐消退，最后水变清了。

（3）在变清的液体中，再滴入一滴含食用红色素的水，红色随即又消失了。这是为什么呢？

聪明博士的答卷

漂白剂里含有"次氯酸盐"。这个物质易释放氧气。氧气与含在颜料中的有色化学物质结合生成无色化合物。漂白剂放入水中后红色逐渐

消失，是因为红色素被漂白剂包围后逐渐失去了自己的颜色的缘故。

因此，颜料中的颜色并不是跑到水外，而是与氧气结合变成了无色的物质。

275. 邮票背后的秘密

游戏痴迷指数：★★★★

小不点的疑团

用过邮票的人可能知道，粘贴邮票不需要胶水，只需要用水稍微打湿，便可以牢固地粘贴在信封上，那你知道邮票背后的黏性物质是什么吗？

工具潘多拉 4～5枚纪念邮票（普通邮票也可以，但效果要差一些）、玻璃器皿、20～25毫升的纯净水（蒸馏水更好）、酒精灯、玻璃棒、滴管、碘酒、试管

游戏对对碰

（1）把邮票放入器皿中，注入20～25毫升纯净水。把器皿用酒精灯加热，边加热边用玻璃棒在邮票背面反复搅动，直至溶液沸腾为止。

（2）待溶液冷却后，用滴管吸取2毫升邮票浸渍液，再滴入3～4滴碘酒，试管内的液体就会显现紫色。这说明了什么？

聪明博士的答卷

上面这个实验证明邮票背面的黏性物质是糊精而不是糨糊。

糊精是淀粉水解的中间产物。淀粉初步水解得到的糊精,分子较大,遇碘基本上是呈蓝色。淀粉继续水解的产物遇碘依次呈蓝色→紫色→红色,最后为无色。

由于糊精的溶解性比糨糊好,而且它具有良好的黏性,干后光洁度也好,所以邮票背面的黏结剂通常用的是糊精而不是糨糊。同样道理,在生活中制作糨糊时,也可以将少量的面粉放在沸水中,用玻璃棒搅拌并煮沸一段时间,使淀粉水解充分一些,从而提高糨糊的质量。

276. 变化的弹珠

游戏痴迷指数:★★★★

小不点的疑团

小弹珠,把它往地上一扔,被弹得很高。但如果把弹珠放到瓶子里会是什么样的呢?

工具潘多拉 柠檬、榨汁机、玻璃杯、苏打粉、空汽水瓶、弹珠、糖、水

游戏对对碰

(1)先将弹珠放入水中。

(2)把柠檬榨成汁,倒入空汽水瓶中,加开水至八九分满,然后再酌量加些糖。

(3)将些许苏打粉倒入瓶中,立即用瓶塞塞住瓶口,并把瓶子倒立,同时将瓶子上下摆动,然后把瓶子放正,发现弹珠被冲到紧闭的瓶口。这是为什么呢?

聪明博士的答卷

弹珠之所以会被冲到紧闭的瓶口,是因为苏打粉加入柠檬水时,产生化学反应,生成二氧化碳。于是小弹珠就被气泡"带"到了瓶口。

277. 自制石膏手

游戏痴迷指数:★★★★

小不点的疑团

我们经常看到石膏雕塑,真是了不起,我也能做石膏雕塑吗?那

么，这个石膏到底是些什么东西？

工具潘多拉 橡胶手套、洗洁精（或肥皂液）、夹子、玻璃杯、熟石膏粉、水、筷子

游戏对对碰

（1）往橡胶手套里放少许洗洁精(或肥皂液)，捏住手套口，揉一揉，润滑内壁。

（2）用夹子将手套口一边夹住，以便敞口向上（也可以不用夹子，叫朋友帮忙）。

（3）往玻璃杯里加入熟石膏粉和水，用筷子调成浓牛奶状。

（4）将混合物倒入手套内，充满手套。

（5）放置一夜后，可以把石膏手从手套中取出。剥离时不要碰碎石膏。然后你可以给石膏手涂上自己喜欢的颜色或者装上其他装饰品。

聪明博士的答卷

熟石膏粉是由生石膏加热到150℃后脱水压碎取得的，水分蒸发后制成了干粉。在制作过程中，给熟石膏粉加入水，熟石膏具有吸水性，加水发生化学反应，形成

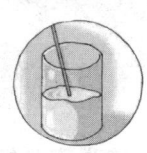
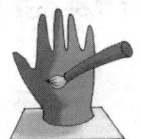

可塑及易烧砌的浆状体。水分蒸发后，便成了坚硬的石膏(为了阻止硬化过快，熟石膏中常常加有少量的缓凝剂)，并伴有微量的体积膨胀及放热。利用熟石膏的这个特性，人们能制作出各种石膏像来（动动脑筋，你也可以做出各种你喜欢的物品）。

278. 柔软的骨头

游戏痴迷指数：★★★★

小不点的疑团

你见过骨头是什么样子的吗？有象牙般的白，石头般的硬，对吧。可是在这个游戏里，骨头却不是这个样子，它到底是什么样呢？

工具潘多拉 玻璃瓶、干净的猪骨头、醋、汤勺

游戏对对碰

（1）在玻璃瓶中倒入一些醋，然后把猪骨头放入醋里。

（2）让醋全部覆盖住骨头，浸泡两天。

（3）两天后把骨头从醋里捞出来，然后用汤勺敲一敲泡过的骨头。

（4）你会发现骨头已经变得非常柔软了，不仅可以轻易折弯，甚至可以打结。硬硬的骨头怎么会变软呢？

聪明博士的答卷

骨头之所以坚硬，是因为它内部有一种含钙的化合物。醋是一种酸，会与骨头里的钙元素发生反应，形成新的可溶物质。这种可溶物质溶解在醋里，剩下的就只有骨头中柔韧的部分。所以，骨头就变得非常柔软了。

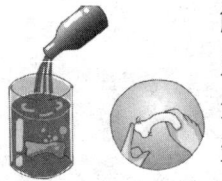

279. 海带中的碘

游戏痴迷指数：★★★★★

小不点的疑团

人体如果严重缺碘会患大脖子病(甲状腺疾病)，而生活在沿海地区的人群缺碘病发病率很低。因为他们能从各种海洋生物中获得丰富的碘。现在，我们一起来做一个实验，检验食物中是否含有碘。

工具潘多拉 易拉罐、25克干海带、剪刀、钳子、玻璃棒、酒精灯、玻璃器皿、过氧化氢、香蕉水、酒精

游戏对对碰

（1）用剪刀剪去易拉罐的盖子，将干海带剪碎后放入罐内。

（2）用钳子夹持盛有海带的易拉罐放在酒精灯上加热。灼烧时用玻璃棒不断搅拌，直到海带完全变成灰烬。这一操作过程要注意安全，做好排气通风。

（3）等易拉罐冷却后将灰烬全部倒入玻璃器皿内，加少许水浸泡并静置，取上层的无色清液。

（4）向器皿内加入过氧化氢，两种液体接触后，溶液变成了黄色。

（5）向黄色液体中加入少量有机溶剂香蕉水，用玻璃棒搅拌，直至水溶液变成无色透明，而香蕉水变成深黄色。将深黄色的香蕉水放置在空气中，香蕉水很快就会挥发，这时，器皿底部会留有少量的深褐色固体物，这就是碘。

（6）小心倒掉器皿内的水，留下底部的碘固体，再倒入少许酒精（或白酒）就可以制成碘酒了。煮饭时取少许上层的米汤，加入几滴自制的碘酒，米汤变成了蓝色，证明海带中含有丰富的碘。

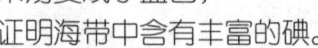

280. 胶卷盒"爆炸"

游戏痴迷指数：★★★★

小不点的疑团

昨天刚把已经用过的胶卷盒扔

掉，可聪明博士却又把它捡回来了。他说要表演一个胶卷盒"爆炸"场面给我看。可是，胶卷盒会爆炸吗？

 醋、塑料胶卷盒、绵纸、苏打

 游戏对对碰

（1）把一勺醋倒入一个空的塑料胶卷盒里。

（2）用绵纸包起一勺苏打，放进胶卷盒里，立即盖上盖子。

（3）站远一点，你会看到胶卷盒被打开了。这个过程可能需要一些时间，所以要耐心，在此期间一定不要打开盒子哦！

聪明博士的答卷

当苏打在醋里溶解后，会产生化学反应生成二氧化碳气体，盒子里的气体剧增，使盒子里的气压大于外界的大气压强，因此气体的压力会把盖子打开。

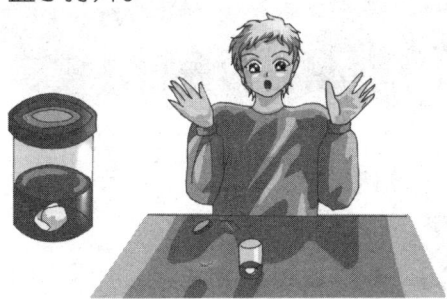

281. 自制松花蛋

游戏痴迷指数：★★★★★

小不点的疑团

松花蛋是我国的传统食品。但你知道松花蛋是怎么制作的吗？

 生石灰50克、纯碱3克、草木灰（含有氧化钙、氧化钾）1克、食盐2克、红茶叶少许、水20克、鸡蛋若干、大碗、稻糠（或锯屑）

 游戏对对碰

（1）将生石灰等原料放在大碗里，按一定比例溶于水制成料液（或料泥）。

（2）将鸡蛋浸入料液（或包入料泥）中，不停地滚动，使蛋壳表面均匀地裹上一层灰粉，取出，再往稻糠中滚动几下，使灰料上粘上一层稻糠。用手轻轻挤压，使其紧固，放入事先准备好的容器中。然后置于18～24℃的环境温度下，10天后即可食用。

 聪明博士的答卷

在制成的料液中产生了一系列的化学反应，生成氢氧化钠、氢氧化钾、碳酸钙，并电离出氢氧根离子、钾离子、钠离子和钙离子。

把鸡蛋浸入料液（或包入料泥）中，这些离子渗入蛋壳内。蛋白中的蛋白质在氢氧根的作用下开始"凝固"并与水形成胶冻，同时钠离子、钾离子、钙离子都促使蛋白质凝固和沉淀，也使蛋黄凝固和收缩。蛋白质在氢氧根离子的作用下还会逐渐分解出多种氨基酸，氨基酸进一步分解出氢、氨和微量的硫化氢等，加上渗入的咸味、茶香味使蛋具有特殊的风味和较高的营养价值。分解出来的氨基酸与渗入的碱反应生成的氨基酸盐，在蛋白中结晶，形成一朵朵美丽的"松花"，因此得名松花蛋。

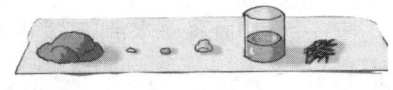

282. 面粉变蓝

游戏痴迷指数：★★★

小不点的疑团

面粉不是白色的吗？怎么可能变蓝呢？

工具潘多拉 碘酒、面粉、小碗、筷子、盘子、开水

游戏对对碰

（1）把少许面粉放在小碗里，加一点水用筷子搅拌。

（2）再倒上开水，搅拌。

（3）待冷却后，取一点放在盘子里，再滴上几滴碘酒。

（4）你会发现面粉变成蓝色了。这是什么原因呢？

聪明博士的答卷

原来，面粉里含有淀粉，遇到碘后会变成蓝色，这是淀粉的一种性质。一般是制成淀粉液，再滴上碘酒，效果会更加明显。碘可以用来检验淀粉的存在。

283. 向海水借盐

游戏痴迷指数：★★★

小不点的疑团

我们平常吃的盐大部分都是从

海水中提取的，那你知道怎样向海水借盐吗？

工具潘多拉 2个玻璃杯、食盐、筷子、过滤纸

游戏对对碰

（1）在玻璃杯内倒入半杯清水，然后一边往里面加盐一边用筷子搅拌，直到杯里的水浑浊为止。

（2）用过滤纸滤去没有溶化的盐，然后把玻璃杯放在太阳底下晒。两天以后再观察，玻璃杯的底部有一层盐，玻璃杯的水面也下降了不少。

聪明博士的答卷

原来在太阳的照射下，水会蒸发，剩下的水溶解不下那么多盐，盐就以固体的形式分解了出来。

学以致用

海水晒盐也是这个道理，在海滩上建很多平坦的盐池，然后把海水引入，让太阳晒，盐就从海水中分解出来，放掉多余的海水，用推土机把晒出来的盐堆起来，放进工厂加工，就成为我们平常吃的食盐了。

284. 指纹再现

游戏痴迷指数：★★★

小不点的疑团

聪明博士，除了用高科技精密仪器来让指纹再现外，你还告诉我其他简单的指纹再现的方法吗？

工具潘多拉 一张干净、光滑的白纸、剪刀、碘酒、试管、酒精灯、实验架

游戏对对碰

（1）将白纸剪成长约4厘米，宽不超过试管直径的纸条，用手指在纸条上用力摁几个手指印（记住白纸上只留下手指印）。

（2）把碘酒倒入试管中，把装有碘酒的试管在酒精灯火焰上方微热一下，把纸条悬于试管中（注意摁有手印的一面不要贴在管壁上）。

（3）待产生紫红色碘蒸气后立即停止加热，观察纸条上的指纹印迹，一会儿你将会发现通常在纸上看到的指纹都会渐渐地显示出来，最后可以得到一个十分明显的棕色指纹。

聪明博士的答卷

每个人的手指上总会有油脂、

矿物油和汗水，用手指往纸上按时，指纹上的油脂、矿物油和汗水便留在纸面上，只不过人的眼睛看不出来罢了。当我们将这隐藏有指纹的纸放在盛有碘酒的试管口上方时，由于碘酒受热后，酒精很快挥发，碘就开始升华，变成紫红色的蒸气。由于纸上指印中的油脂、矿物油都是有机溶剂，因此碘蒸气上升到试管上以后就会溶解在这些油类中，于是就显示出指纹了。

285. 起舞的鸡蛋

游戏痴迷指数：★★★★

 小不点的疑团

鸡蛋也能跳舞吗？不可能吧！鸡蛋跳舞还不摔不了。这到底是怎么回事呢？

工具潘多拉 鸡蛋、白醋、玻璃杯

 游戏对对碰

（1）将白醋倒入玻璃杯内。
（2）把鸡蛋放入杯中。
（3）仔细观察，可以看到刚开始的时候鸡蛋是沉在杯底的，可是过了一会儿，鸡蛋周围就会产生许多小气泡，这些气泡伴着鸡蛋旋转上升，好像在跳舞一样。真的好神奇！

 聪明博士的答卷

鸡蛋的平均密度大于醋的密度，所以一开始鸡蛋会沉底。可是，过了一段时间后，蛋壳里的碳酸钙与醋酸发生反应，释放出二氧化碳，蛋壳上附着许多二氧化碳小气泡，于是鸡蛋漂浮起来。这些二氧化碳气泡不断破裂，使鸡蛋缓缓地旋转起来。

286. 一个杯子装三杯东西

游戏痴迷指数：★★★★

 小不点的疑团

我们知道，一个杯子能装下一杯水，一个杯子也能装下一杯白砂糖。但你知道吗？一个杯子竟能装下一杯水、两杯糖。这可不是在说大话，下面这个游戏就是最好的证明。

工具潘多拉 3个玻璃杯，一杯里装满水，另外2杯里装满白砂糖

 游戏对对碰

在盛满水的杯子里，把等量的2

杯白砂糖一点一点地放进去，结果砂糖完全融入了水里。但水怎么没溢出来呢？

聪明博士的答卷

我们知道，在一个杯子里放2杯糖是不可能的，但这与把两杯糖溶解在一杯水里有本质上的不同。因为水分子间有许多眼睛看不见的空隙，空隙里可以容纳大量其他被溶解物质的分子或原子(不只是糖)。溶解之后的糖分子与水分子排列得很紧凑，不会占其他的空间。这就是那杯水能够溶解许多糖而不溢出来的原因。

上面实验中用的两杯糖，它的实际体积远比我们看到的小得多。糖是颗粒状的，颗粒之间远不如你想象的那么紧密。据科学测算，一杯糖里大约只含有一杯饱和白糖水里1/5的糖分子数目，所以两杯糖溶在一杯水里不是什么难事。

正如我们在一个大容器中放满石块，总还能放进去沙子，再倒入水一样。

287. 自制豆腐脑

游戏痴迷指数：★★★★

小不点的疑团

豆腐脑真好喝呀，要是自己能做就好了！聪明博士，你有什么办法吗？

工具潘多拉 热豆浆、食盐、小勺

游戏对对碰

（1）在盛着热豆浆的碗中加入一小勺盐，过一会儿豆浆上就会漂起一层白花花的固体。

（2）多重复几次，随着每次加的盐量不同，蛋白质析出的胶粒越来越多，变成豆腐花了。

聪明博士的答卷

科学已经证明，蛋白质溶入水后，会变成一种胶体溶液。蛋白质胶粒在水中带有同种电荷，而同种电荷是相互排斥的，所以它们之间会"打架"。

豆浆中含有丰富的蛋白质。在豆浆中加入食盐后，情况就会发生改变。食盐在水中会电离成带正电的钠离子和带负电的氯离子。电解出来的离子和蛋白质就像一对冤家，蛋白质如果带正电，那么负离子就会跑到蛋白质周围与正电荷中和；蛋白质如果带负电，正离子就会跑去与负电荷中和，这样蛋白质胶粒就不会互相"打架"了。最后，大量的蛋白质胶粒又会合并在一起，随着蛋白质胶粒越合并越大，最后从水溶液中沉淀出来，也就是你最想吃的豆腐脑。

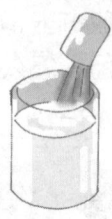 

学以致用

厨房师傅在做馒头的时候，都会往面粉里放一些小苏打，这样做出来的馒头会增大，变得蓬松起来，吃起来也很有味道。馒头里之所以放碱，是因为和好的面粉是酸性的，放碱就起到了中和作用。

288. 绿色的牛奶

游戏痴迷指数：★★★

 小不点的疑团

牛奶也可以变成绿色的吗？

工具潘多拉 一杯牛奶、紫叶甘蓝汁

 游戏对对碰

在牛奶里加一点紫叶甘蓝汁，过一会儿你就会发现原来白色的牛奶会慢慢变成绿色。这是为什么呢？

 聪明博士的答卷

这是因为紫叶甘蓝汁里含有一种受酸碱影响会改变颜色的染料。液体呈现酸性的时候，会变成粉红色；而当液体呈现碱性的时候会变成绿色。牛奶是呈碱性的，所以在牛奶里加上紫叶甘蓝汁，溶液就会变成绿色的了，这样就得到了绿色牛奶。

289. 液化掉的凝胶

游戏痴迷指数：★★★★

 小不点的疑团

菠萝跟凝胶是劲敌，菠萝会吞噬凝胶，这是怎么回事？让我们一起看看吧。

工具潘多拉 凝胶粉、2个玻璃碗、冰箱、菠萝、刀

 游戏对对碰

（1）将无味凝胶粉与水按照一定的比例混合，平均分成两份倒入玻璃碗中，在冰箱中放置一个晚上，第二天将2个玻璃碗取出，凝胶就形成了。

(2)将菠萝切开,取一片放到其中一碗凝胶上面,然后与另一碗凝胶做对比。这样放置一天,第二天再看,奇怪的现象就出现了。有菠萝的那层厚厚的凝胶大部分都被融化掉了,变成液体状,而另外一碗凝胶依然如故。菠萝是怎么起作用的呢?

聪明博士的答卷

菠萝富含蛋白酶,蛋白酶是一种分解蛋白质的力量强大的活性物质。凝胶中含有大量的以氨基酸形式存在的蛋白酶。凝胶之所以能呈现固态,是因为其中的氨基酸彼此之间形成了很长的氨基酸链,这个长链条让凝胶呈现出柔软的形态。而菠萝中的蛋白酶会破坏氨基酸,致使链条断开,无法维持固体的形状,所以凝胶变成了液态状。

290. 自测蔬果中的维生素C含量

游戏痴迷指数:★★★

小不点的疑团

我们知道蔬菜水果中含有很多维生素,特别是维生素C对人体健康很有帮助。如何来判断哪些蔬菜水果中含有维生素C呢?

 工具潘多拉 玻璃瓶、淀粉、玻璃棒、碘酒、几片青菜叶子。

 游戏对对碰

(1)在玻璃瓶内放少量淀粉,倒入一些开水,并用玻璃棒搅动成为淀粉溶液。

(2)滴入2～3滴碘酒,你会发现乳白色的淀粉液变成了蓝紫色。再找2～3片青菜叶子,摘去菜叶,留下叶柄,榨取出叶柄中的汁液,然后把汁液慢慢滴入玻璃瓶中的蓝紫色的液体中,边滴入边搅动。这时,你又会发现蓝紫色的液体又变成了乳白色。这说明青菜中含有维生素C。

聪明博士的答卷

淀粉溶液遇到碘会变成蓝紫色,这是淀粉的特性。而维生素C能与蓝紫色溶液中的碘发生作用,使溶液变成乳白色。通过这个原理,可以用来检验一些蔬菜中的维生素C。

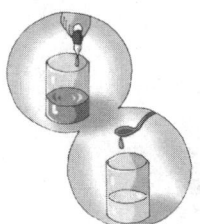

291. 有趣的字谜

游戏痴迷指数：★★★★★

小不点的疑团

这是一个暗藏玄机的字谜。聪明的你开动你的脑筋，认真想哦！

 蜡烛、火柴

游戏对对碰

（1）桌上有一张纸，上面写着一首诗："红彤彤，一大蓬，见风它就逞狂凶。无嘴能吹天下物，单怕雨水不怕风。"读过的人都不知道怎么回事，你能读出它的意思来吗？提示：从上两行诗句来思考。

（2）从诗中，我们可以看出谜底是"火"。所以，只要准备一根蜡烛、一盒火柴，把那张纸放在火上烤，你就能看到谜底了。

聪明博士的答卷

原来白纸上隐藏的字是用糖水写的。把纸放在火焰上烤，糖分因受热脱水，而出现黑褐色，这样很容易就能读出上面的文字来了。

292. 粉笔作画

游戏痴迷指数：★★★★

小不点的疑团

不用画笔，只用普通彩色粉笔就能在白纸上画出螺旋状的彩画。是不是很有意思，不妨你也试一下。

 报纸若干、大碗(口径跟所需画面差不多)、醋、不同颜色的粉笔、玻璃杯若干、纸巾、锤子、筷子、食用油、白纸、勺子

游戏对对碰

（1）在桌子上铺一张报纸，在报纸中间放一个大碗，碗内加入两勺醋。

（2）把粉笔分别包在纸巾里，用锤子敲碎，碾成粉末状。将不同颜色的粉末分装在不同的杯子中备用。

（3）往每个杯子中加一勺食用油，用筷子搅拌均匀，将它们一起倒入已加入醋的碗中。这时含有粉笔末的油会在醋的表面形成彩色的圆圈。

（4）再取几张报纸平铺在桌子上，另取一张白纸平铺在醋的表面上吸附含有粉笔末的油，然后再将它取出，平铺在准备好的报纸上。一天之后，擦去粉笔末，就可以在白纸上看到五颜六色的画面了。

液体高度高。这是为什么呢?

聪明博士的答卷

每种东西中都有一定的间隙,水分子之间的间隙是一样的,所以两勺水的高度不变。而水和酒精混合在一起时,水分子会填满酒精分子之间的空隙,所以溶液的体积比两勺水的体积小。

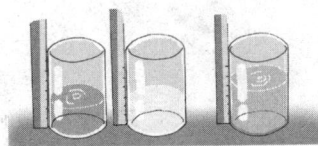

294. 肥皂水的秘密

游戏痴迷指数:★★

小不点的疑团

肥皂在我们的生活中经常见到,它是我们生活的好帮手。但肥皂水还有一些你不知道的秘密,那究竟是什么秘密呢?

工具潘多拉 玻璃杯、小钳子、滴药管、针、肥皂液

游戏对对碰

(1)在玻璃杯里装一些水,用小钳子轻轻地把针放进杯子中使其浮在水面上。

(2)用滴管往水里加入肥皂液,一次加一滴,同时观察水里的针,你

聪明博士的答卷

为什么颜色会附着在纸上,形成螺旋状的彩色图案呢?粉笔中含有碳酸钙成分,可以与醋酸发生反应,彩色的颜料就会溶解在油中。油脂分子与纸纤维中带有负电的分子,和带有正电的分子互相吸引,彩色油就沾在了白纸上,形成色彩斑斓的圆圈和条纹图案。

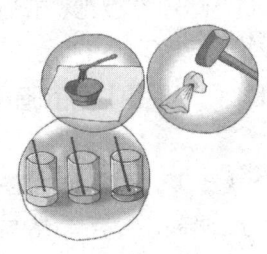

293. 神奇消失了的液体

游戏痴迷指数:★★★

小不点的疑团

什么?液体也会消失?这到底是怎么回事?

工具潘多拉 2个透明玻璃杯、酒精、勺子

游戏对对碰

(1)在其中一个玻璃杯里放两勺水,在另外一个玻璃杯里放一勺水、一勺酒精。

(2)观察两个玻璃杯里液体的高度,你会发现,放一勺水、一勺酒精的杯子里的液体没有放两勺水的杯子里的

会发现一开始针是浮在水面上的,加入几滴肥皂液之后,针就会沉下去了。这是为什么呢?

聪明博士的答卷

如果观察得仔细的话,你会发现针并不是完全漂浮在水面上,只是停在水的弹性表面上。当滴入肥皂液时,肥皂液就会在水里散开,减小水的表面张力,也就是破坏了水的弹性表面,针因此就会下沉了。

学以致用

在衣服上抹点肥皂,用手搓一搓,为什么衣服上的污垢就不见了。这是因为用水浸泡衣服时,水的张力会阻止水分子去包围衣服上的脏东西。加入肥皂后,就能使水比较容易浸透衣物,再加上肥皂本身具有很强的去污性,这样洗起来就容易多了。

295. 透明的鸡蛋

游戏痴迷指数:★★★★

小不点的疑团

我好想透过鸡蛋壳看看鸡蛋内部的样子,可到底该怎么做呢?

 工具潘多拉 透明玻璃杯、鸡蛋、醋

游戏对对碰

(1)把一个鸡蛋放入玻璃杯里。

(2)往玻璃杯里倒醋,直到醋把鸡蛋泡起来。

(3)三天以后,小心地拿出鸡蛋,举到亮光前,你会发现鸡蛋变成透明的了!鸡蛋中间的暗影就是蛋黄。

聪明博士的答卷

醋和蛋壳中的成分碳酸钙发生了化学反应,把蛋壳溶解了。但是醋不能溶解叫做膜的那层薄皮,膜仍然保持着蛋白和蛋黄的形状。是不是很有趣?利用很简单的化学反应,不敲碎鸡蛋也能很容易地剥掉鸡蛋壳。

296. 煮不烂的黄豆

游戏痴迷指数:★★★★

小不点的疑团

我国元朝的戏剧家关汉卿曾说:"我是个蒸不烂、煮不熟、捶不扁、炒不爆、响当当一粒铜豌豆。"

其实不用铜豌豆，黄豆有时候也是煮不烂的，真是这样吗？

工具潘多拉 浓盐水、干黄豆、试管、酒精灯、火柴、夹子

游戏对对碰

（1）用火柴点燃酒精灯，然后把盐水倒进试管中，再将几颗黄豆浸在盐水中。

（2）用夹子夹住试管放在酒精灯的火焰上烧，任凭你怎么煮，黄豆就是煮不烂。

聪明博士的答卷

干黄豆中的水分很少，黄豆外面的那层皮，相当于一个半透膜，当黄豆浸到清水中去煮时，会发生渗透现象，清水中的水分子穿过黄豆皮进入黄豆里，使黄豆变胖。再经过一段时间的煮，黄豆的细胞被涨破，致使黄豆煮烂。

如果在煮黄豆的水中加入盐，由于盐水的浓度高，水不容易往黄豆中渗透。这样一来，水不但进不去，甚至还可能使黄豆中的水分"钻"出来，黄豆中没有了足够的水分，也就煮不烂了。

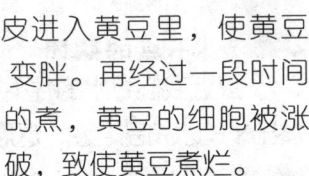

297. 鸡蛋壳里的奥秘

游戏痴迷指数：★★★★

小不点的疑团

又碰到我最喜欢吃的鸡蛋了。可聪明博士却不允许我吃，要留着鸡蛋做游戏，他要做什么游戏呢？

工具潘多拉 鸡蛋、透明的塑料吸管、钉子、针、蜡烛、火柴、玻璃杯

游戏对对碰

（1）先用钉子在鸡蛋的一端剥去一小块蛋壳，剥的时候一定要十分小心，千万不要把蛋壳下的那层薄膜弄破。

（2）在鸡蛋的另一端用针扎一个小孔，慢慢把这个小孔扩大，直到能把透明的塑料吸管插进去为止。

（3）慢慢把吸管插入蛋内约2厘米，点燃蜡烛，让蜡油滴到吸管与蛋壳的接口处，把接口封严实，不让空气和水分渗入。

（4）再把鸡蛋放进一只盛有3/4水的玻璃杯中，让插吸管的一端朝上并露出水面。

（5）稍等片刻，你可以看到鸡蛋里面的蛋液会慢慢上升到吸管里面。

（6）几小时后，蛋液一点一点进入吸管里，吸管口就会有蛋液溢出来。

聪明博士的答卷

原来，是玻璃杯里的水渗入了

蛋壳之中。但鸡蛋里的蛋液和玻璃杯里的水是被蛋膜隔开的,怎么水还能进到鸡蛋里去呢?这就是"渗透"。在这层薄薄的蛋膜上,有许多微孔,这个孔能让细小的水分子通过并进入蛋中,但较大的蛋液分子却不能通过。水不断渗入蛋中,就把蛋液不断往上推,逐渐推出蛋壳。

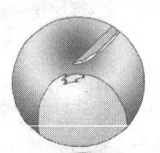
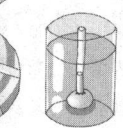

发出丝丝的响声,随即冒出一些气泡,紧接着就着了火,且火越烧越旺,同时产生美丽的蓝色火焰。

聪明博士的答卷

原来,糖是由碳、氢、氧等元素组成的有机物,烟灰中含有一些微量元素,能够起到催化作用,大大促进化学反应。白糖在烟灰这种特殊催化剂的作用下,就会迅速地燃烧起来。

298. 死灰复燃

游戏痴迷指数:★★★★

小不点的疑团

香烟燃烧后的灰是不能再燃烧的了,但聪明博士说他有办法要让这些死灰重新复燃,我真不敢相信!

工具潘多拉 石棉网、含水少的白糖、烟灰、火柴

游戏对对碰

(1)将白糖倒在石棉网上,再加入一点烟灰(注意烟灰不要加得太多),掺和起来,再把它们堆成一座小丘,用手捏实。

(2)用擦燃的火柴去点小丘,奇迹出现了。丘尖处先有些熔融,并

299. 水变清了

游戏痴迷指数:★★★

小不点的疑团

最近我们打水的井不知道怎么了,渗出来的水特别混浊,这怎么喝呀?

工具潘多拉 塑料盆(用素色盆,效果会更好)、明矾粉末、筷子

游戏对对碰

(1)用塑料盆盛一盆混浊的水。

(2)往盆中撒少许明矾粉末,并用筷子搅几下,过一会儿,刚刚还是浑浊的水就变得清澈透明了。放点明矾就能净化水了,这是为什么呀?

聪明博士的答卷

原来，水之所以混浊是因为水中有许多泥沙等污物在"游荡"。较大的泥沙粒子在水中是呆不久的，很快就会沉淀下来，可那些小的粒子因为小到已经成为"胶体"粒子了，所以不会沉淀。因为它喜欢从水中吸附某一种离子到自己的"身边"，或者自己电离出一些离子，使自己变成一个带电荷的离子。而明矾是由硫酸钾和硫酸铝混合组成的化合物，一遇到水，就会发生化学变化，生成白色絮状的氢氧化铝。而氢氧化铝是一种带有正电荷的胶体粒子，所以它与带负电的泥沙胶体粒子中和了。失去电荷的胶体粒子很快会聚集在一起，粒子越积越大，最终沉入水底。这样，水就变得清澈透明了。

300. 火焰哪里温度最高

游戏痴迷指数：★★★★

小不点的疑团

我们都见过蜡烛燃烧，但你知道蜡烛在燃烧时哪个部位的温度最高吗？

 蜡烛、火柴

游戏对对碰

（1）用火柴点燃蜡烛。

（2）把一根火柴棍横放在火焰下部。

（3）一会拿出会发现火柴杆两边烧焦了，而中间没有烧坏。这说明了什么？

聪明博士的答卷

火焰的外部温度比中心的高，这是由于火焰的外部供氧充足，燃料充分燃烧，而火焰的中心缺乏氧气，燃烧不充分，温度要比外焰低一些。

参 考 文 献

[1] 梁颂.玩出好成绩[M].北京:北京邮电大学出版社,2005.

[2] 陈忠照.科学游戏[M].哈尔滨:北方文艺出版社,2005.

[3] 李佳东.开发思维的科学游戏[M].北京:海潮出版社,2006.

[4] 邢涛.纪江红.游戏中的科学[M].北京:北京出版社,2005.